诗词年代

唐诗宋词名家纪事

谢青桐 著

北京日报出版社

目 录

汴梁雪

临安雨

序

2017 年盛夏的江南，我们体会了成长经验中罕见的高温酷暑。每个人，每一天，寸步不离空调。而当我们走出空调房，感受夏日的炎热时，不妨去唐诗宋词里走一走，眼前就会出现长廊幽径，花木葱茏，庭院深深，微风绕屋，凉意拂人的夏境，心静自然凉。

先拜读唐代白居易的《消暑》：“何以消暑热，端坐一院中。眼前无长物，窗下有清风。散热由心静，凉生为室空。”试想，诗人坐在庭院中，室无杂物，心无杂念，凉风自然生。好一片清心寡欲的园地。再看杜甫的《夏季叹》：“仲夏苦夜短，开轩纳微凉”，意思是夏夜苦短虽不可改变，但敞开窗户就可享受凉风入眠。这是多么自在的心态和心境。还可以回味一下苏轼的《菩萨蛮·夏闺怨》：“柳庭风静人眠昼，昼眠人静风庭柳。香汗薄衫凉，凉衫薄汗香。手红冰碗藕，藕碗冰红手。郎笑藕丝长，长丝藕笑郎。”这岂止写景？还写情呢。美人一觉醒来，出点薄汗，红酥手里捧着一碗冰凉的莲藕粥，与情郎一边喝，一边欢声笑语。那心爽了，身体也就自然凉爽。

这本《诗词时代》就是在炎热的夏天酝酿编排，出版成册，最终营建生成的一片古典清凉世界。全书分为四部分：长安月，洛阳花，汴梁雪，临安雨。以这般唯美的分类，讲述名士大家的生命传奇，分享传世名篇的来龙去脉，探寻中国汉语的人文美感，揭示唐宋之际的时代精神，为本书之要旨。

任凭时光流逝，岁月更替，古典诗词仍以它无限的魅力超越时空。唐宋诗词，是用汉字形成的文本中美学价值最高的一类作品，它把汉语汉字所蕴含的美学潜能发挥到极致。

唐诗宋词，是中国文学发展史上的两座巅峰。一座交汇着现实和浪漫，一座辉映着婉约与豪放。登高而望远，临山而探幽，无限风景，让人目不暇接，也让人叹为观止。唐诗之美，是一种理性的美，沉淀着深邃，积蓄着厚重，凝结着辽远，负载着磅礴，是大漠里的孤烟，是长河里的落日，是客船上难眠的渔火，是山寺里传来的钟声，是海角与天涯的对接，是天长与地久的汇聚，尽管也会有碧落与黄泉的交融。宋词之美，是一种感性的美，飞扬着轻灵，蹁跹着缠绵，氤氲着温柔，笼盖着细腻，是梧桐上的细雨，是小楼上的东风，是明月光下闪过的鹊影，是稻花香里流淌的蛙鸣，是云涛与晓雾的相连，是落红与芳草的呓语，尽管也会有乱石与惊涛的交流。

唐诗和宋词的美为何会是截然相对的美？究其深层次原因，无非就是当时的社会气质决定了文学的品味。大唐的傲骨铸就了唐诗的气度，宋朝的柔风吹就了宋词的韵味。理性与感性，言志与抒情，意境与意绪……两种美，既相互对立，又相互补充，相互依存，构成了中国古典韵律文学中最为纯美的二重奏，让人心旷神怡，令人如痴如醉。

唐宋诗词巨细无遗、真切生动地展现了我们祖先的生活情景和生命状态。简洁优美的辞章告诉我们，华夏祖先曾经怎样生活，以及他们人生的华彩乐章。诗心就是看到美的时候，能够被触动。一个人只要对美有足够的悟性，有赞赏的冲动，用自然独特的语句表达出来，就一定能升华为美好的诗句。通过押韵、对偶、平仄、音节等艺术手段，创造出韵律、节奏、意象等，烘托出无限美好的意境。通过这本书里的讲述，我们共享着中华祖先的厚重遗产和优雅财富，展示给公众的是：产生这些诗歌和诗人的历史流动性以及文化包容性在哪里？唐诗宋词又是如何通过晓畅的语言沉淀为中国人表达美、品味美的经典样式？

读一句诗容易，读一个人却难，更何况是二十二位多才、多思、多情的诗人词人。无论历史时空如何迁移，不变的是，心怀天下的壮阔，舍我其谁的激扬，晓风残月的清婉，灯火阑珊的觉悟。

《诗词年代》以史事为蓝本，以诗文为佐证，以奇思妙理为笔，以浓情旷怀为墨，酣畅淋漓而又明晓畅达地绘制出中华古国历史上二十二位唐诗宋词名家的生命轨迹和命运蓝图，从大小李杜到欧阳修、苏东坡，从醉卧沙场的王翰到樵歌声声的朱敦儒，从西出阳关的王昌龄到客舟听雨的南宋遗民蒋捷。

古典诗歌对我们现代生活应该有所启发。现代人下班后，经常觉得无聊无趣，只好打游戏、疯狂网购、手机微信刷存在感。但这些真的能让我们愉快吗？阅读唐诗宋词，仔细想想，古人与自然、与友人那种相亲相交的能力和习惯，反而更加值得今天的人羡慕。

李白说："两人对酌山花开，一杯一杯复一杯。我醉欲眠卿且去，明朝有意抱琴来。"这样的生活谁不向往？没事干，我们就喝酒吧，不用多么精致的酒菜，就对着山花足矣，彼此没有心机也不用互相索求，就一杯一杯地喝，我醉了你就走，明天还想喝，你再带着琴来。这种自在、放松的真情其实是现代人最欠缺的。所以，现代人可能比古代人更需要诗。古人生活中看到的都是诗，桃红柳绿，杏花春雨，而我们看到的是满眼欲望，滚滚红尘。心里若没有诗，就会被无休无止的世俗力量捆绑，内心终日黯淡无光。一个充满诗心诗情的人，才能活出意义和光明，活出自由与舒展。唐宋诗词中蕴含着美好的人际之情、天伦之乐、自然之爱、天人之感。唐宋诗词给人心灵的洗礼，对修身养性也是别具功效，它是一种永远不可低估的富足的精神养分。

唐诗宋词正是中国文化软实力的诗意写照。《诗词时代》为的就是仰望灿若星河的华夏夜空，追寻那些最眩目的发光体。一个民族的文化也是这样一个独立宇宙，而能够证明、体现并代表着这个宇宙的存在及其价值意义的，则是分布在这个宇宙无边无际、无光无色、无声无息的浩渺时空中的那些由一颗颗璀璨发光体组成的星星——历史文化巨人。那是一个民族精神、创造力的见证与象征，民族文化自觉力和自信心的根脉源头。一个宇宙星群的密度和亮度，决定了这个民族文化生命的张力和辐射魅力。与大自然的星空之旅同步，人类也从未停止过对于本民族文化星空的眺望与探索，《诗词时代》深刻而幸福地穿行在中华古老星群之间，试图带给读者的则是无穷的能量，是学术的能量，更是爱的能量。

谢青桐

2017年9月3日

长安月

王翰：我有美人夜光杯

一

我不要铠甲，也不要官印，我嫌它们太重。我只要轻盈的夜光杯，有美人陪我饮，我愿醉死。褪去我的铠甲吧，我欲与美人乱。

多年以后，当王翰吟诵出“葡萄美酒夜光杯”的时候，他就这样一手端着酒杯，一手搂着美人。应该是在长安做官的日子，王翰去视察千里之外的西北军营，那一晚，宴席上的舞乐通宵达旦，乐伎环绕，舞袖翩翩，30 多岁的王翰整个就是一副腐败官吏的形象，醉眼惺忪，如飘一样，在大漠风尘的西域，一不留神造就了这首唐代边塞诗的绝唱。

唐睿宗景云元年（公元 710 年），23 岁的晋阳青年王翰轻轻松松就考上了进士。出身富贵豪门，又金榜题名，他恃才倨傲的神情，颇似今天的天王歌手周杰伦，一副得志猖狂、冷酷自恋的样儿。他赴长安参加科举铨选考试，吏部把考试结果公布在西街，他却自己另搞了个“海内文士排行榜”，就贴在吏部榜文的对面，把当时天下数得过来的文人按才气划分为九等，第一等里面只有三人，他王翰是其中一个。这个排行榜一出就弄得人人侧目，满朝文官对他恨得咬牙切齿，他也几乎成了全国文人的公敌。

朝廷并没有授予王翰官职，他只好赋闲太原家中，终日饮酒作诗。这时，张嘉贞担任太原的行政长官，这位父母官敬贤爱才，对青年才俊王翰尤其爱惜赏识。接下来继任的太原行政长官张说，不仅是名满天下的诗人，而且是爱慕人才的仁厚长者，他对性情率真、才高八斗的王翰同样礼敬有加。张说又是当年被王翰列在排行榜上"第一等"文人中的屈指可数的人物之一，两人相当投缘，常常豪饮赋诗，唱和互答。开元九年（公元 721 年），张说入朝为相，顺手就把王翰提拔到了京城，先担任秘书正字，接着又被提升为驾部员外郎。志大才高的王翰开始看不上这么个芝麻小官，面对朝廷的封诏，他牢骚满腹，经过张说一番苦劝，才闷闷不乐地赴任。

在长安，王翰还是一脸张扬，一副老子天下第一的气势，让人很不舒服。他看得起的人不多，只跟张说、张九龄、贺知章等有限的几个文官交往。才思如泉涌的王翰出入于这几位达官贵人组织的宴会，带着三分醉意，翩然走到厅堂正中，抽剑在手，且舞且吟，唱得诗友称妙不迭，听得宾客喝彩不断。他燃烧的血气、狂傲的心灵和风流快活的男子秉性交相激荡，笔下走出的全是风华流丽的诗行，旷达、豪纵、谐谑，而且很"爷们儿"。从一首题为《饮马长城窟行》的歌行体，可以看出他驾驭语言的天才能力和看待问题的独特视角，"回来饮马长城窟，长安道傍多白骨。问之耆老何代人，云是秦王筑城卒"，如此看来，他对秦始皇修建长城累死万民的怨气不小，甚至还指责说筑长城就是在"筑怨"，可见王翰是有充分的批判意识和人文精神的。

二

王翰是以驾部员外郎的身份前往西北前线的，他生命中最璀璨的光华闪烁在丝绸之路上，闪烁在这个叫作凉州的地方。凉州这个地名本身就飘散着一股寒冷、凄清的气息。夜光杯由美玉制成，到了晚上，能发出微微的紫色光彩。河西走廊的葡萄酒更是味醇色艳，宛若琼浆。王翰来酒泉戍边巡视，和将士们一道踱步走出军帐，来到了潭清泉边，就那样半卧半坐，捧出夜光杯和葡萄酒。在水之湄，酒杯里晃荡着撩人月色，美人的丝弦管乐从帐中轻轻飘来，披铠甲的勇士们正要举杯畅饮，嘈切的琵琶声从军营外传来，似乎是要催促将士们上马杀敌。将士们笑了，管他呢，大醉一场吧，有什么大不了的呢，谁会笑我们醉酒失态，古往今来征战沙场的人有几个能活着回来呢？

就是这样一种视死如归的人生情绪，被写成了“葡萄美酒夜光杯，欲饮琵琶马上催。醉卧沙场君莫笑，古来征战几人回”。这种诗只有盛唐人写得出来，也只有盛唐人能这么微笑着来感受走向死亡的痛苦。好一个“醉卧沙场君莫笑”！王翰的这首《凉州词》与李白《侠客行》中的“三杯吐然诺，五岳倒为轻”堪称酒醉的一等形态，饮酒作诗，通透世间，是大品位、大境界。但是，与王翰多年前“海内文士排行榜”的酒后壮举相比，也稍逊一筹。那次王翰所为，称得上是“跳出三界外，不在五行中”。

边塞诗是大唐帝国的“西部片”，自那以后，在驼铃孤烟、长河落日、辕门军营的丝路长卷上，王昌龄来过，高适、岑参也来过。但王翰仅仅凭这一首《凉州词》就赢得“孤篇边塞诗人”之称，被推上了盛唐诗坛的高峰。

王翰又回到了京城，官场天生就不是王翰发光的地方，尤其是对他这样既有超凡才华又有性格缺陷的人来说。铠甲和官印对他来说都太过沉重，他只举得动那轻盈的夜光杯。人在官场，须察言观色、八面玲珑，心高气傲的王翰哪里玲珑得起来！由于出身名门、家资富饶，又加上少年得志、知己提携，王翰言行举止自比王侯，褊躁放肆，目中无人，自然引来一片妒恨。张说罢相之时，也就成了他的贬官之日。

王翰被赶出京城，到河南汝州做长史，再后来被调到仙州任别驾。总之，没有了张说的扶持，王翰的官越做越小，做官的地方也越来越荒僻。自命不凡的王翰哪里受过这样的气，于是连日常事务也懒得管了，集结地方名士，整日纵酒行猎，斗诗赋词，并且家中蓄有多名歌伎。他沉醉于酒色之中，只图安逸享乐，根本不在意仕途的发展，因为他有资本，不做官照样有钱花，又怎么能关注国家和百姓呢？遭贬的日子里，他写过《飞燕篇》和《古蛾眉怨》，内容涉及讽刺宫中奢侈生活及哀叹宫女命运不幸，估计也是想泄泄私愤。好在他也有勉励宫女的诗句，虽算不上有多积极，但也比较适合于抒发他自己的心情：“人生百年夜将半，对酒长歌莫长叹。”

中央政府见王翰太不上进，干脆把他贬到更远的湖南道州做司马。在赴道州上任的途中，王翰一路纵酒无度，39 岁的他就这样彻底醉死在林莽苍郁的南国山涧。岚雾轻扬，蝴蝶在飞，林间的花粉气息和行囊里的葡萄酒香味混为一体。夜光杯很轻很轻，里面残存着昨夜的鲜红。

王之涣：黄河绝恋

一

“孩子，你要记住，这人世之间，没有人是不可代替的，没有东西是必须拥有的。看透了这一点，将来你身边的人不再要你，或你失去了世间最爱的一切时，你也应该明白，这并不是什么大不了的事。”王之涣的父亲王昱这样对 16 岁的儿子说。

王之涣祖上是太原的名门望族，但到了他曾祖父和祖父这辈，却都是县令小官了，王之涣的父亲王昱更是区区小吏。所以，王之涣的父亲是领略过家道破败，能看懂世道人心的，他给儿子留下这段遗训后便溘然长逝。

王之涣自幼聪颖好学，不到 20 岁便能精研文章，穷经典之奥。可他对参加科场考试却一点兴趣也没有，时常和豪侠子弟交往，一边饮酒一边谈论剑术，到而立之年了还是一事无成，只在衡水当地谋了个掌管文书簿记的佐吏。虽然官这么小，衡水县令李涤还是将三女儿许配给他，这时是开元十年（公元 722 年），王之涣已有妻室且年已 35 岁，而李涤的爱女才18岁。县令的千金嫁给已婚的小小县尉，这一举动颇耐人寻味，唯一的解释只能是李涤为王之涣的才华所倾倒。

小官吏的生涯让王之涣很知足，衡水百姓们喜爱他的人品与文才，他要求得不多，不图仕途显达，只想宽心自在、爱民如子，几乎是个没出息的男人。但王之涣不屑的蝇头小利，却恰恰是市井俗人奋勇争抢的。在逐利的世界上，别人不和他讨论手段是不是体面。有人诬陷、攻击王之涣，他觉得憋屈，可他才高气盛不愿多解释，不愿为了衡水主簿的微职而折腰，便愤然辞官而去。离职的前夜，他伤心地看了一眼办公室里堆积如山的文档，想起自己倾注的辛劳，又想起父亲临终的话："将来你身边的人不再要你，或你失去了世间最爱的一切时，你也应该明白，这并不是什么大不了的事。"

王之涣从此化游青山，酷嗜闲放，在家过了15年闲散自由的生活，辞官闲居的王之涣成了开元盛世年间唐代士子中最资深的失业男人。他漫游高山大河，过蒲州，出洛阳，下长安，走蓟庭，饱览山川秀美，尽享烟霞从容。他生命与诗情的巅峰状态都与黄河有关，触景生情的是黄河，气吞万里的是黄河，怆然泪下的还是黄河。《登鹳雀楼》如黄河水般的气势从胸中蓬勃涌出，短短五言绝句后来成了世世代代中国幼童入学启蒙的励志必读："白日依山尽，黄河入海流。欲穷千里目，更上一层楼。"盛唐时代的王之涣站在鹳雀楼上遥望，但见西边远山日落，东边滚滚黄河。绵绵不绝的滔滔流水，逝者如斯夫，不舍昼夜。虽然失业无着落，他却毫无沮丧失意。失业算是什么大不了的事呢？同样站得高看得远，像拥有"千里眼"一样，能放眼看到"黄河入海流"，这是只有盛唐才有的气象。

又是一年，王之涣长途跋涉来到敦煌玉门关，为眼前的景象所震撼。汹涌澎湃的黄河宛如一条丝带迤逦飘入云端，塞上孤城倚山扼险。此时，他不禁想到那些戍边的征人，他们年年岁岁与兵甲为伴、与黄沙为邻，日日翘首望穿双眼，思念着故土风物、父母妻儿。王之涣心潮涌动，神思飞扬，随即吟出了那传扬千古的绝唱《凉州词》："黄河远上白云间，一片孤城万仞山。羌笛何须怨杨柳，春风不度玉门关。"

王之涣流传下来的诗篇只有区区六首，可竟有两首被选入《唐诗三百首》。"欲穷千里目，更上一层楼"和"羌笛何须怨杨柳，春风不度玉门关"，这两句诗足以使王之涣风流千古了。

二

长期失业在家的王之涣结识了王昌龄、高适、畅诸、崔国辅等著名诗人，他们寄情山水，饮酒歌啸。开元年间的一个冬日，天寒微雪，四野俱寂，王之涣与王昌龄、高适出游，三人进旗亭小酌，巧遇十余名梨园伶人和四位歌伎在此会宴。伶人奏乐，歌伎唱曲，演唱的均是当时诗人的作品。王昌龄突发奇想，提议："我们三人各擅诗名，平日难分高下，今日就来见个分晓，看歌伎唱谁的诗多，就算谁拔得头筹。"王之涣、高适都觉得这个主意不错，欣然应允。

悠扬的古筝声中，第一个歌伎唱的是王昌龄的《芙蓉楼送辛渐》："寒雨连江夜入吴，平明送客楚山孤。洛阳亲友如相问，一片冰心在玉壶。"王昌龄满心欢喜，举手在墙壁上画了一道作为记号。第二个歌伎唱的是《哭单父梁九少府》，高适听了，也得意地在墙上画了一道。第三个歌伎上场的时候，王之涣心里郁闷地想，这回该唱我的诗了吧。不料人家唱的是王昌龄的《长信秋词》，王昌龄喜不自禁，又在墙上画了一道，得意喊道："两首了，两首了。"

这时，王之涣脸上有些挂不住了："她们都是下里巴人，哪里懂得阳春白雪？"然后用手指指着四位歌伎中最清雅的那位说："倘若她唱的不是我的诗，我甘拜下风，从此不与二位争衡。"不一会儿，那位歌伎怀抱琵琶，款款上场，琴弦慢挑，朱唇轻启，唱的果然是王之涣的《凉州词》。"哈哈，你们两个老土，我没有说大话吧？"王之涣戏谑的口吻中带着几分自豪。随后，三人一同大笑。伶人歌伎听到如此爽朗的笑声，上前打听原委，一问才知道眼前的三位都是时下声名如雷的大诗人，当即邀他们一同入席。

这"旗亭画壁"的传奇成了典故，后来元人还将其编成杂剧上演，可见当时王之涣诗名之盛。但风流千古的诗名总是属于身后的，满足不了任何现实利益。诗酒唱和的岁月的确畅快，但柴米油盐的生计也不能不顾。王之涣闲居在家 15 年，亲朋好友为他担忧，认为这样一直沉于下层不是办法，便劝他入仕，以解生活的清苦。于是，王之涣再入官场做了文安县尉，还是一个不起眼的小职。他在职清风廉洁，治理政务以公平著称，颇受当地百姓的称道，但时间不长，竟染病不起，55 岁就英年早逝。王之涣如此有才华，可惜终不见用，天也不假其年。不过，他一生想得很开，心里的空间像黄河一样宽阔，父亲告诉过他："没有人是不可代替的，没有东西是必须拥有的。"江河之水终将复归于大海，他总是试图站高看远一些，看准"黄河入海流"才是终极的归宿，而这恰恰是"更上一层楼"的目的。

王之涣死后，不到40岁的李氏守寡，她不由得想起夫君生前的诗句：“今日暂同芳菊酒，明朝应作断蓬飞。”共饮这芬芳的菊花酒吧，明天就又要漂泊宛若断蓬、各奔东西了，抑郁和思念年复一年。六年后，李氏也患病而死。因王之涣有前妻，两人竟不能合葬。李氏临终前嘱托晚辈们：“孩子，把我葬在黄河边吧，就像我从来没有离开过你们的父亲。”

王昌龄：冰心落玉壶

一

饮马渡秋水的这个人，不以数量见长，只以质态取胜。质态至上，他生命的质态、文学的质态都是超一流的。王昌龄的诗作不多，人生的传奇不多，正史野史的记载寥寥几笔，其一生行状始终无法厘清，存在各种“是耶”“非耶”的疑问。但他有一种神秘的能量，使他可以和盛世大唐同在，注释着唐代的雄性与柔情。

王昌龄虽说出身于南朝世族琅琊世家，但此前家势已经式微，到他这辈就更趋贫困，他小时候在故乡耕读，自称“久于贫贱，是以多知危苦之事”。面对这艰窘的处境，王昌龄决心凭借自己的聪明睿智、发奋进取来改变自身和家庭的处境。

20岁左右时，王昌龄离开家乡，开始一段学道的经历。唐代是李姓天下，皇室自称老子李耳的后人，所以格外尊道，那时候人们学道，多少有些追求时髦的味道。开元年间，正是盛唐气象的鼎盛时期，王昌龄在诗中对盛世景象竭尽全力、忠贞不已地加以歌颂。对盛世的信仰，正是王昌龄一生最坚实的信心、力量、希望和理想的源泉，以至日后长期身处谗枉和沦弃之境，也难以改变。身处火热的年代，像王昌龄这样有抱负的时代青年，只是把学道当成一种猎奇而已。不久他便到长安谋求发展，没见什么成效，于是他西出长安，投笔从戎，开始了西北边陲的游历之旅。

西出长安，踏上出塞之路，头顶是自由的塞外风，脚下是沉重的边关土。出塞的那条路上，洒落过他坚毅的泪光，也留下了他清澈的微笑。马蹄下的滚滚烟尘，弥漫着无尽的辛劳。但是，行走，对一个青年男子来说是幸福的。有能力漫游，说明你年轻，怀有勇气和希望。

从陕西而入宁夏，由宁夏而入六盘山下的萧关，出关复入关，一游甘肃的“陇右”与河西的“塞垣”。从王昌龄留下的诗句来看，开元十二年（公元 724 年）秋，王昌龄从长安出发，经八百里秦川腹地扶风，沿渭水谷地向西北而行，直抵渭水源头一带，然后向狄道而行，他的目标是当时临洮军的驻扎地鄯州，也就是陇右节度使的所在地。途中他正好经过了武街古战场，此时距离开元二年（公元 714 年）的那场大战刚好十年，河沟中遗迹犹存，路边草丛中的白骨依旧可见。

意气风发、一心想在边陲建功的王昌龄，提笔写下《望临洮》：“饮马渡秋水，水寒风似刀。平沙日未没，黯黯见临洮。昔日长城战，咸言意气高。黄尘足今古，白骨乱蓬蒿。”战死者的累累白骨杂乱地弃于蓬草之间，从古至今都是如此。这里的“白骨”，包含开元二年（公元 714 年）战死的兵士及这之前战死的士卒。黄尘满天飞卷，白骨层层叠叠，多少壮士征夫的残骸，多少孤儿寡母的眼泪，兴亡太苦，人世多艰。这里没有一个议论的字眼，却将战争与历史的冷酷极其深刻地揭示无遗。

茫茫沙漠，茕茕孑立，王昌龄打马走过的古战场，沟壑纵横，沧桑之气扑面而来。王昌龄的这次边塞之行抵达青海湖边，正是这段从军边塞、效命疆场的历程磨砺了这位文士，大漠戈壁、烽火狼烟中，王昌龄写下了大唐盛世边塞诗歌中的最强音，他的《从军行》七首，篇篇是精品，首首是名作。“大漠风尘日色昏，红旗半卷出辕门。前军夜战洮河北，已报生擒吐谷浑”，虽然是大漠黄昏，惨淡凛冽，可前夜作战已然大获全胜，生擒了敌方首领。“青海长云暗雪山，孤城遥望玉门关。黄沙百战穿金甲，不破楼兰终不还”，诗中充斥着一往无前的英雄主义襟怀，充满雄浑阳刚的生命正能量。

二

王昌龄确实是天纵英才而才如江海，他令后世惊讶地观赏并倾听这江海的澎湃。现存的他以边塞为题材的作品共21首，这些出色的边塞之诗，既是得江山之助，出于他在西北边塞实地游历的心灵体验，也是因为他手握一枝如椽的彩笔。他的《从军行》七首，《出塞》二首，《塞上曲》与《塞下曲》，在今天这个轻薄的时代究竟价值几何？这一点你无法估量。

“秦时明月汉时关，万里长征人未还。但使龙城飞将在，不教胡马度阴山。”王昌龄即使只有这一首被称为“唐人七绝压卷之作”的绝句，也足可以笑傲当年威风八面的王侯和腰缠万贯的巨富了。从开元到天宝，从洛阳到咸阳，文武百官车骑满途的喧闹，不及王昌龄这一首绝句的千年鸣响。

那轮皎月高挂夜空，依旧秦汉时的模样，沧桑的边关静默伫立，仿佛穿越了时空。那连绵的纷飞战火啊，让多少人愁断了肝肠；出征的人儿啊，还没有回家乡。

初秋时分，知了在桑林里鸣叫，萧关道上苇叶已经枯萎，征人来往频繁。收获季节，北方少数民族的统治者常在此纵兵掠夺，塞上形势紧张。王昌龄惦念着居住在幽州、并州的边塞健儿，他们为了保卫国家，在沙尘、战火中苦度岁月年华，正是因为有了他们，国家才得以强盛稳定。

唐帝国自开国至王昌龄所生活的盛唐，这一百多年的时间里，始终伴有战争的喧嚣。特别是进入盛唐时期后，战争更加频繁。这其中既有唐王朝防御性的正义战争，也有对外扩张的非正义战争。王昌龄写战争，场景无不悲壮，将士们视死如归，只见戍楼独坐，羌笛愁惨，关山冷月，黑云压城，只见无边的烽烟，苍茫的大地。你看那“烽火城西百尺楼，黄昏独坐海风秋。更吹羌笛关山月，无那金闺万里愁”，昂扬奋发又慷慨悲凉，是泱泱大国的豪情万丈，又是霸业雄图的脆弱感伤。

交织的豪情与悲伤，使王昌龄的边塞战争诗中渗透出一种深沉的历史感。有史以来，在中国西北和北部广阔的边缘地带，各民族之间就发生过无数次血与火的冲突，这根本上是不同人类群体之间残酷的生存竞争，是这一片土地上的人难以摆脱的历史宿命，王昌龄深深地意识到这一点。他的边塞诗，揭示当时边防的必要与无奈之间的两难。游牧民族对农耕社会时加侵扰，他们的骑兵快速闪击，令防守者不得不把防区推到荒无人烟的地带，戍兵也因此数量更多、生活更苦、牺牲更大。王昌龄的边塞诗中，雄浑之下埋藏的是柔情，阳刚之中饱含的是悲悯。征戍生活，妇女命运，亲情友爱，全都刻上了人道主义的价值烙印，体现着对人的命运的终极关怀。

他也清醒地看到，那些义勇健儿从来都是上层统治集团刻薄寡恩政策的牺牲品：“表请回军掩尘骨，莫教兵士哭龙荒”，“功勋多被黜，兵马亦寻分。更遣黄龙戍，唯当哭塞云”。他从体恤军人的角度着笔，请求把尘封的白骨送回军中安葬，将士牺牲之惨重可想而知。他把笔触深入到士卒的内心中，开掘出征人戍士最普遍、最典型的真切情思，“琵琶起舞换新声，总是关山旧别情。撩乱边愁听不尽，高高秋月照长城”。琵琶所奏的音乐已经换成新的了，但是思乡之情却一直未变，缭乱的边关愁绪倾诉不尽，听也听不完，只有那秋月高高在上照耀着长城，此景亘古不变。

擅长写雄健浑厚边塞诗的王昌龄，同时又以情思婉绵的闺情诗、宫怨诗著称。他用比较新奇的七绝体式处理这些传统题材，使人耳目一新。王昌龄善于提炼情思和物色，并把两者凝聚为鲜明的一点，凝眸注目处言语无多，“闺中少妇不知愁，春日凝妆上翠楼。忽见陌头杨柳色，悔教夫婿觅封侯”。诗题为“闺怨”，偏从不知愁写起。有无忧无虑的轻快心情，方有凝妆、上楼之举，然而毫无遮拦的浓烈春色又恰恰成了开启少妇内心奥秘的锁钥，然后诗情急转直下，回头方知少妇不是无愁，凝妆上楼不是无谓之举，而是由寂寞孤独的潜意识激发出来的不由自主的行为。“闺怨”的主题就在这种内心开启的过程中，被鲜明有力地揭示出来。

他的《长信秋词》（其三）是写宫怨的名篇：“奉帚平明金殿开，且将团扇暂徘徊。玉颜不及寒鸦色，犹带昭阳日影来。”诗人王昌龄的面前，一位曾经风华绝代的美人因失宠而哀怨愁恨的形象顿时凄然出现，一幅图画——《长信美人哀怨图》也刹那间完成了构思。王昌龄没有标明该词的写作年代，但我们更相信，他是借汉成帝的妃子班婕妤来为壮志难酬的自己画像。

想建功边陲的王昌龄无从发挥作用，只好待了一年后就匆匆赶回长安，准备参加科举考试。在西北一年，他虽然见识了边塞雄浑的气象，写下了脍炙人口的诗篇，但对于渴望功名只向马上取的王昌龄来说，在现世生活中却收获不大，他不得不在诗句中写道："早知行路难，悔不理章句。"

三

由投笔从戎，到重操翰墨，王昌龄开始务实了。他广事干谒，访贤同友，为以后步入仕途创造条件。经过坚持不懈的追求、广泛精心的研读，王昌龄终于在开元十五年（公元 727 年）应进士试时一举登第，但只被授予秘书省校书郎这个芝麻小官。秘书省是一个闲散之处，校书郎也属闲散之官，王昌龄终究心有不甘，就于开元二十二年（公元 734 年）再应博学宏词科的考试，并再次登第。然而，二次登第后的王昌龄官职仍旧未见升迁，仅被授予汜水尉，不升反降。可见，王昌龄虽然擅长考试，在科场颇为得意，可仕途却明显失意。对王昌龄的打击还不止这些。在做了五年汜水尉后，开元二十八年（公元 740 年），他又被远贬荒僻的岭南，任江宁丞，相当于县令的副手。

自开元十五年（公元 727 年）及第后，王昌龄不仅尽任丞、尉之类的末流小官，而且还被东贬西谪，悲剧连连，仕途充满痛苦与悲怨。王昌龄除了失意还是失意，失意之后就是疏狂，就是放浪形骸。从长安赴江宁任所时，他故意迟迟不去报到，在洛阳一住就是半年，每天借酒浇愁，而且饮酒必醉。县丞为全县总管的佐官，要处理大量的公务、公案，但他严重不守本职，开元二十八年（公元 740 年）冬日接到调令，直到第二年夏日才离开洛阳南下江宁任所。任职一年多后，又于天宝二年（公元 743 年）春离职上京，直至天宝三年（公元 744 年）冬日才又返江宁。回江宁后，他又曾去太湖、浙江一带游览。三天打鱼，两天晒网，泡病假，请事假，公款旅游，打着考察调研的名义，从心所欲，无组织无纪律。这种明显以消极怠工作为反抗的手段，过于意气用事也实在容易授人以柄。

一座小小的芙蓉楼，承载了后人无法忘怀的佳句，著名的《芙蓉楼送辛渐二首》作于王昌龄赴任江宁丞之日，这时他正遭谤议，送别挚友远行，当时其凄切心情可想而知。临别所嘱，唯以玉壶冰心自明心迹："寒雨连江夜入吴，平明送客楚山孤。洛阳亲友如相问，一片冰心在玉壶。"诗里的南国烟雨和兀然傲立的孤峰，既是实景也是情语。他又在第二首中接着吟诵："高楼送客不能醉，寂寂寒江明月心。"王昌龄以忠节贞信作为人生困境中的一种道德自信和超越力量，显示生命中强大的理性精神，同时也表明他对时代的公正并未失去信心。

王昌龄会盟天下英豪，先后结识了李白、岑参、高适、王之涣、王维、孟浩然等人，与他们郊游、和诗、对酒，逍遥于山色湖光间。不管是傲岸的李白，还是向佛的王维，几乎都能与王昌龄一拍即合，互留送别酬赠之作。这些著名诗人之间的关系错综微妙，但王昌龄却和每个人的关系都很好，能够和众多个性不同的诗人兼容为友，可见王昌龄是一个豁达豪放、不拘小节的人。《旧唐书》《新唐书》都不约而同地给了他这四个字的评价——“不护细行”，就是指他的不拘小节。然而，也就是因着“不护细行”这四个字，他再一次遭贬，由八品的江宁县丞被贬为九品的龙标县尉。

被贬湖南龙标，李白为他写下《闻王昌龄左迁龙标遥有此寄》相送：“杨花落尽子规啼，闻道龙标过五溪。我寄愁心与明月，随风直到夜郎西。”一个人的失意，成就了另一首千古传诵的诗歌。

王昌龄对自己的“屡见贬斥”又是持什么样的心态呢？在诗文中，我们没有发现他直接为自己辩白的话，也许他能够意识到贬谪跟自己的个性有关，也许他也在为自己鸣冤，因为王昌龄的不少作品中，反复申明忠信节义的操守，一再表白自己的高洁。

四

王昌龄在秋天雇船沿长江上行，经巴陵过洞庭到达武陵，又放舟顺着沅水前往湘西龙标。山高水远，前路迢迢，身无财物，唯有琴书伴随。旧友在沅陵为他饯行，陪他洒泪。王昌龄的送别诗总是极有情味，意深而韵长。“武陵溪口驻扁舟，溪水随君向北流。行到荆门上三峡，莫将孤月对猿愁。”他希望朋友们化解愁绪、排遣郁闷，表白心底最珍贵的友谊。他又写道：“醉别江楼橘柚香，江风引雨入舟凉。忆君遥在潇湘月，愁听清猿梦里长。”一首首，风流婉约；一首首，孤寒凄清。

在龙标，王昌龄生活清苦，他和随从而来的老仆人沿路捡拾枯枝败叶当做饭的柴烧。虽然自己不走运，但他洞悉民情，为官清廉，为政以宽，是个颇有政绩的地方官，因此被老百姓赞颂道："龙标入城而鳞起，沅潕夹流而镜清。"他在湖南从政的口碑不错，加上诗名满天下，经常有人在路上跪着向他求诗。他的才情倾倒过部落首领的美丽女儿，化解过苗汉间的纠纷。被贬龙标尉时，王昌龄说："皇恩暂迁谪，待罪逢知己。从此武陵溪，孤舟二千里。桃花遗古岸，金涧流春水。谁识马将军，忠贞抱生死。"诗文以东汉开国功臣、大将军马援为例，把忠贞的操守提高到超越生命之上的境界。

武冈在龙标东南，王昌龄和一位柴姓友人一道被贬谪在湘西，但他尽弃悲戚的愁态，用"青山""明月"这样开朗的形象一扫天涯沦落的颓丧，展示了风雨同舟、患难与共的真挚情怀："沅水通波接武冈，送君不觉有离伤。青山一道同云雨，明月何曾是两乡？"

在王昌龄贬谪生涯的后期，出现了一种奇特的现象：一方面是功业报君的信念丝毫未减，并且愈久愈坚执；一方面是虚无幻灭和世外长生的思想也同时变得越来越浓厚。而且，两种相反的极端不但不矛盾，反而奇妙地统一在王昌龄的贬谪心态中。究其原因，应该是他功业报君理想的坚定性与长期沦弃蛮荒的现实之间的尖锐矛盾，迫使他从世外境界中寻找人生的解脱、心灵的释放和自由。这因此又派生出另一个奇异的现象：在长期沦弃蛮荒的现实中，他对人世的理想越执着，对出世的向往也同时变得越强烈，但又由于"非如此不可"而不能两存。这是王昌龄带有荒诞意味的复杂的贬谪心态。而所有这一切的痛苦，都融入了南国优美而热烈的山水之中。

可惜，他的济世之志、他的冰心玉壶，再也等不到"鸿恩共待春江涨”，随着唐玄宗李隆基的开元盛世零落成泥，一切都成为泡影。

天宝年间，安史乱起，两京沦陷，玄宗避乱出逃，肃宗即位灵武后，大赦天下，此时，曾经为“一时之秀”的王昌龄已经垂垂老矣。66 岁的他在兵荒马乱中选择离开龙标，后世之人曾多方揣测他的用意。王昌龄此时离开湖南，往东北方向走，后人没弄明白他准备去哪里：有人说是去投奔永王，因为好友李白在那里；也有人说是省亲。但从结局看，他走向了自己的最后归宿。也许在濠州，也许在亳州，刺史闾丘晓如捏死一只蚂蚁般随意处决了他的性命。同样，没人知道闾丘晓为什么要杀这位“诗家夫子”，但从后来发生的史实推测，这个草菅人命的恶官闾丘晓人格相当扭曲，通俗一点说，就是变态。

王昌龄含冤死后不久，闾丘晓因贻误战机之罪被河南节度使张镐所杀。临刑前，闾丘晓以年迈的双亲无人供养为由求饶，被张镐厉声喝问：“王昌龄的双亲，又由谁来供养？”在历史的那一刻，张镐称职地担当了一次正义的护法官，为王昌龄报了冤仇。

但鸣冤昭雪又能怎样呢？“秦时明月汉时关”，“一片冰心在玉壶”，后世如此熟悉他那些或壮阔、或明净、或缠绵的诗句，又如此陌生于他的生命本身，只道他是正史里无足轻重的寻常官吏，是盛世里郁郁不得志的才子，是乱世里草芥般的一条性命。

李白和杜甫：怜君如弟兄

一

被御用会是什么滋味？对于中国古代的文人士大夫来说，他们至高的价值理想，就是期望有朝一日被最高统治者御用，从而能在最高层面上建功立业，实现“济苍生安社稷”的理想。李白一生郁闷不断，就因为时刻不忘“愿为辅弼，使寰宇大定，海县清一”的宏愿抱负；杜甫心心念念的也是“致君尧舜上，再使风俗淳”。而一旦真正被御用了，既不见得能建功立业，又可能因不堪忍受自由生命被禁锢的痛苦而牢骚满腹。这就是中国知识分子长期的纠结，中国知识分子总是这样，一生在权力、良知和美感之间打转，当国家权力和个人良知发生严重冲突时，他们就会退缩、隐逸到以美感为本位的审美活动中。

唐天宝元年（公元 742 年），史上最大的官迷李白漫游到长安，拜见了著名诗人贺知章。贺知章读了李白的诗文，大惊失色道：“你是谪仙人啊！”经由贺知章的推荐，李白被唐玄宗召见，并在金銮殿上出口成章，深得皇帝的喜爱。唐玄宗不仅赏赐了他美食，还亲自为他调羹，并下诏令他供奉翰林。李白本来就狂，从此越发得意了。

这天，兴庆池沉香亭前牡丹正开得鲜艳，唐玄宗和杨贵妃携手并肩前往赏花。皇帝诗情突发，希望有人作诗助兴，随即召李白进见。李白刚刚与一帮街头小混混在长安的街市中酗酒，被扶入宫中的时候，他喝得烂醉如泥、不省人事。唐玄宗让人在他头上浇了一瓢冷水，待他稍稍清醒一点了，便命他写诗。酒劲儿上涌，李翰林这回可是拿足了架子，非得让国舅杨国忠为他捧砚、宦官高力士替他脱靴才肯写。没办法，皇帝陛下还等着倾听新诗呢！杨国忠与高力士只能含羞忍辱满足了李白的无理要求。玩完了恶作剧的李白思如泉涌，一气写了三首《清平乐》："云想衣裳花想容，春风拂槛露华浓……"真正是文采斐然。这天晚上，宫廷乐师李龟年主唱，玄宗亲自吹玉笛伴奏，贵妃娘娘手捧颇梨七宝杯，品着西凉进贡的葡萄酒，听得入了迷。君臣尽欢而散。

权倾一时的高力士觉得受到了奇耻大辱，恨李白恨得咬牙切齿，第二天便到杨贵妃面前搬弄是非，一口咬定李白写给杨玉环的颂诗中那句"可怜飞燕倚新妆"暗含讥讽。谗言果然激怒了贵妃娘娘。得罪了高力士和杨贵妃，李白知道在宫中是混不下去了，恳请皇上放他重归江湖。被御用了三年，李白带着皇帝赐予的赏金，算是买断工龄，离开长安，远离仕途，重新开始了浪迹江湖的生涯。

二

青莲居士踏着夕阳的余晖走了，走出长安，向东漫游，一路凄凄惶惶，无限迷茫。李白其实就是个诗人，他根本不适合当官，可他偏偏又是个官迷，早年想做官想得着了魔，24岁辞亲远游，直到42岁才奉诏供奉翰林。好不容易当上了官，而且又是在天子身边，却政治表现幼稚，并且一副酒徒嘴脸和“古惑仔”作风，只好落荒而逃。被召进宫时的恩宠已恍若隔世，才济天下的宏图大愿也随京阙城楼渐渐远逝，疲惫与失落中，他流浪的长靴踏进了洛阳的街巷。于是，杜甫走进了他的视野。

杜甫自幼受到正统的儒家文化熏陶，7岁能写诗，十四五岁时便出游翰墨场，与文士们交游酬唱。24岁时，他到洛阳参加科考，却因奸臣李林甫的打压而未能及第。从此，他筑居于洛阳与偃师之间的首阳山下，过着“放荡齐赵间，裘马颇清狂”的漫游生活，写下“会当凌绝顶，一览众山小”的豪壮诗篇。不知不觉间，杜甫已经33岁了，屡试不中已经令他灰心丧气，莫名的寂寞令他心绪难平。他没有料到在洛阳会遇到李白。

那天艳阳高照，城里围了一大圈儿人，杜甫心中好奇——他是个爱看热闹的人。他远远地就听得围观者发出阵阵唏嘘：“太白诗文，震烁古今啊。不愧是皇帝身前的御用诗人，果然出手不凡啊。”少顷，杂乱的喝彩渐渐变成了一浪高过一浪的欢呼：“风华绝代，大唐骄子！”

一向腼腆的杜甫奋力拨开人群，果然见一位翩翩谪仙，一袭长衫肩长剑，线条刚毅的脸上英气逼人，他目光如炬，浑身上下仙气流泻。这人不寻常啊，眼角的斜睨仿佛要把这个世界挑起，嘴角的笑意又似乎要把海底明月捞上，花间一壶酒，倚天把剑观沧海，斜插芙蓉醉瑶台。杜子美不知道，当时的李太白先生已经四十有四，然而早年求仙炼出的仙丹灵药和宫廷的养肤秘诀让他看上去像是年方弱冠的时尚青年。也许前世有个约定，让李太白与杜子美终于在洛阳邂逅。相差11岁，不知算不算是忘年交。他们一见如故，都有过辛酸的求任之路，都有过难以为外人道的“干谒”经历和说不完的知心话。几番把酒长谈之后，他们相约同游。

两人相遇，是在炎炎盛夏。这一次交往的时间可不短，一直持续到次年的秋天，整整一年有余。两个人同游梁（今开封）、宋（今商丘），登吹台、琴台，一起渡过黄河，共游王屋山，前去拜谒道士华盖君。然而，令人遗憾的是，华盖君已经不在人世了。一道一儒，两人同游同咏，亲如兄弟。

杜甫后来诗中“醉舞梁园夜，行歌泗水春”十字写尽李杜一起度过的欢乐时光，醉舞行歌，夜以继日，由秋及春，纵情娱乐，不拘形迹，漂泊漫游，酿生出诗香阵阵。李白“失意”之愁，杜甫“不仕”之苦，一切如扫，若非朋友相得、亲情隆盛，何能至此?

杜甫又随李白来到兖州，不久后，另一名大诗人高适，也加入了他们的行列。李杜二人在兖州相处十天，关系进一步亲密。他们寻访一位姓范的隐士，登高怀古，饮酒赋诗。杜甫在《与李十二白同寻范十隐居》一诗中，记载了他们二人形同今天情侣的行为举止，“余亦东蒙客，怜君如弟兄。醉眠秋共被，携手日同行”。两个男人一同游历、吟诗作对也就罢了，出游的时候，还要手握着手；更有意思的是，喝得差不多了，两人还同卧一床寝被，无所顾忌。这样的“盛情”，难怪有当今学者纷纷臆测李杜有“断背”之嫌。

三

不管怎样，杜甫对李白的“偶像”情结迅速滋长，可以说是高山仰止，那是千真万确的。他一遍遍赞美其天才放逸、行云流水的诗歌。李白天马行空，洒脱飘逸，用生命来追寻浪漫，让杜甫震撼于他澎湃的热情，并不自觉地被吸引、被感染，他赞美李白“笔落惊风雨，诗成泣鬼神”。李白诗如高度烈酒，不宜浅斟，而要痛饮；不宜小杯，而要大盅。酒酣耳热，一醉陶然，便飘飘有凌云之概，这令杜甫如痴如醉。李白近道，故有仙灵气，得天人之妙相，李白这种超凡脱俗的气质，与自然合为冥一的潇洒风神让杜甫景仰不已。李白还是时代的骄子，他具有“长风破浪会有时，直挂云帆济沧海”的自信，杜甫崇敬李白大哥快意恩仇、笑傲王侯的人格魅力。李白是世间罕见的性情牛人啊，杜甫太需要这种性格互补了！他活得累，活得沉重而克制，要不然他的诗歌不可能“沉郁顿挫”。李白能歌善舞，“我歌月徘徊，我舞影零乱”。他爱酒如命，“五花马，千金裘，呼儿将出换美酒，与尔同销万古愁”。剑是李白的随身之物，更是他济苍生、安天下的理想象征，“愿将腰下剑，直为斩楼兰”。月是李白浪漫心灵之栖所，“举杯邀明月，对影成三人”，“长安一片月，万户捣衣声”。李白给杜甫的印象永远是英姿勃发、仗剑而歌、笑傲江湖。

李白有的是狂的资本，有的是骄傲的本钱，酒、女人、剑、明月、才华、寻仙访道、炼丹求药、名山大川，都融入他阳刚的血液，生命的维度可以张扬到一种极致的程度。壮阔的心理格局，昂扬的生命激情，蓬勃的人生气象，犹如九天之上的瀑布水一样，从天而落，化作男人的神采，化作皎洁的诗篇，奔涌成不朽：“天生我材必有用，千金散尽还复来”，“抽刀断水水更流，举杯销愁愁更愁”，“仰天大笑出门去，我辈岂是蓬蒿人”，“三杯吐然诺，五岳倒为轻”……疯了！如果不是仙人，什么样的凡人能写出这一串串神仙似的诗行？

很快就要离开齐鲁大地了，临行前夕，李白把梦中游历天姥山的情形写成诗，留给东鲁的朋友们作别。那可不是寻常的诗作啊，一连串光怪陆离的穿越，一系列变幻莫测的仙游，时而飞渡镜湖月，时而身登青云梯，云霞为他明灭，天台山为他倾倒，这人简直绝了，不疯魔不成活了！屈原之后，还从来没有一位诗人敢于营造出这番辉煌瑰丽的意象！其中一句“安能摧眉折腰事权贵，使我不得开心颜”分明是太白的仰天长啸，那是中国知识分子自由的宣言，是中国知识分子人格独立的宣言，它划破历史的长空，回响一千余年至今。长安三载，御用宫中，虽受帝王优宠，尊严全无，受够了，现在他要把三年的憋屈全都宣泄出来，他要告诉世人：我李白一身傲骨，不与权贵同流合污，老子蔑视皇权，不陪你们玩了，再不踏进长安城半步！总之，仕途诚可贵，理想价更高，若为自由战，二者皆可抛。

到了秋天，杜甫西上长安再求功名，李白则南下漫游，一个定居成了“渭北春天树”，一个漂游犹如“江东日暮云”，从此两人再也没有见过面。

临别，杜甫为李白送行，送到兖州的运河码头。泠泠清秋的早晨，霜露初降，水天茫茫，几只野鹤扑扑飞过，散散漫漫地扑腾过反光的河面。李白要上船了，彼此执手相望，杜甫道一声兄弟珍重，李白眼眶一热，强忍住痛楚，泪水却还是潸然掉落。没有想到，这竟是诀别。

万水千山，远隔天涯，对李白的这份思念跟随了杜甫后半生，从未间断过。直到晚年，杜甫还在天天盼望着“何时一樽酒，重与细论文”。多年以后，当李白再一次游历到齐鲁，忆往思今，他动情地写下了《沙丘城下寄杜甫》一诗：“思君若汶水，浩荡寄南征。”孤傲的李白，面对没有杜甫同行的齐鲁之行，忍不住黯然神伤，“齐歌”“鲁酒”再也提不起李白的诗兴和酒兴，思友之情如同永不停息的汶河水，滔滔奔流过来，淹没了这个狂放不羁的诗人，淹没了他的思绪。

四

盛世和乱世，中间仿佛只隔了一层薄纸，只有一步之遥。从天堂沦落到地狱，竟是如此迅雷不及掩耳。这是专制王权的必然的宿命，唐帝国的盛世陡衰似乎揭示出这样一条真理：无论社会文化多么宽容，国力多么强盛，但只要专制主义的土壤存在，一切坚固的城池和宏伟的宫阙皆如沙门空海般脆弱虚空、不堪一击。

安史之乱把大唐帝国搅得落花流水、奄奄一息，到处哀鸿遍野、兵荒马乱。皇帝为夺回江山，竟卑怯地乞求匈奴回纥收复洛阳，应允任意抢掠三日，使洛阳成了一片废墟。历时九年的残杀，黄河流域萧条凄惨，人烟断绝，兽游鬼哭。大唐帝国人口从 900 万户锐减至 200 万户，3/4 人口惨死，残存者以纸为衣。

山河满目疮痍，杜甫流亡颠沛。长安陷落后，杜甫北上灵武欲投奔新登基的唐肃宗，但半路被叛军所俘，约半年后才冒死逃了出来，最后终于投到肃宗旗下，被任命为左拾遗。

不久发生了房琯罢相事件，杜甫为此忠言直谏，却触怒了龙颜，险些被治罪，随后被贬为华州司功参军。唐肃宗乾元二年（公元 759 年），官军在相州大败，长安洛阳一带出现大饥荒。杜甫微薄的薪水无法养活家人，于是辞掉官职，携全家随难民向西逃荒，赴秦州、同谷等地。杜甫原打算去甘肃投靠亲友，哪知亲友自家也朝不保夕，所能给予的帮助极为有限，加上陇上自然条件比关中更为恶劣，如此下去，冬季全家将无御寒之物。杜甫一家人在甘肃只待了三个月，便决定南下去气候温暖湿润的成都谋生。

杜甫苍劲而清瘦的身影蹒跚在绵延的群山之间，乱世中仓皇飘零，孤苦无靠，原先清俊儒雅的容貌竟变得风霜满面，行事也显得迟缓而有点迂腐，背开始微驼。流离失所的旅途中，偶尔也追忆起煌煌盛世，杜甫泪流满面，感慨万千，“忆昔开元全盛日，小邑犹藏万家室。稻米流脂粟米白，公私仓廪俱丰实”，这些已成永逝的风景。路途上杜甫历经磨难，他目睹了人间的种种不幸、罪恶与苦难，一路的见闻都写在“三吏”“三别”里，石壕吏、潼关吏、新安吏，全是恶狠狠的酷吏；新婚别、垂老别、无家别，全是生离死别。那苦难深重的人间啊，那罄竹难书的欺压与杀戮！谁说是盛唐？真的有盛唐吗？看看被阴谋和血腥充斥的唐朝宫廷，杀子弑父、兄弟残害、奸淫乱伦、纲常崩溃、人欲横流、男权嚣张、女权膨胀。太平盛世是儒家的理想社会，尧舜禹才是它的典范。传统史学家以“物产”为标准，认为以国库丰盛、人口庞众为标志的国强就是盛世。这种评判标准漠视民生，不是以人为本。不把民生当作盛世的衡量标准，是史学家良知的沦丧。唐代的税收“取之于民”而“用之于帝王权贵”，贫富不均，民不聊生。李白就曾梦想做一名侠客，解放民生被践踏的唐朝人民。而杜甫用他的“安得广厦千万间，大庇天下寒士俱欢颜”的旷世情怀向世人宣称：国力和经济的盛世根本算不上盛世，我只相信人民、人心、人道的盛世。

杜甫是典型的追求高尚道德感的儒家诗人，他的人格是追求完美的儒家人格。杜甫是真正懂得慈悲和仁爱的，他所关心的是人的苦难和民生的艰辛，所关切的是人与人之间的相爱和同情，也只有这种品格才能最后拯救当时那个劫难深重的世界。杜诗最大的特点是温柔敦厚，温柔敦厚的本质，是用爱而不是怨恨写就的。他对朋友有情，“人生不相见，动如参与商”；对兄弟有情，“露从今夜白，月是故乡明”；对妻儿有情，“今夜鄜州月，闺中只独看。遥怜小儿女，未解忆长安”；对山河有情，“国破山河在，城春草木深”；对落魄的天子有情，“人生有情泪沾臆，江水江花岂终极”；对逃难的王孙有情，“问之不肯道姓名，但道困苦乞为奴”；对素不相识的路人有情，“车辚辚，马萧萧，行人弓箭各在腰。爷娘妻子走相送，尘埃不见咸阳桥”。

杜甫当了小官，从兵曹参军任上回奉先家中探望妻儿时，迎来的却是幼子受饿夭亡的噩耗，他和妻子抱成一团，号啕痛哭。草草安葬了幼子，杜甫已哭得无声无泪，他表情僵硬，歪歪斜斜地站起身，挣扎着取出纸墨奋笔疾书，写下《自京赴奉先咏怀五百字》，五百字一气呵成，字字泣血。那是他对长安权贵们的愤怒控诉。“朱门酒肉臭，路有冻死骨”，说什么盛世？盛世只是少数权贵的盛世，大部分人忍饥挨饿，少数人骄奢淫逸。他的苦难体验早就超越了个人的丧子之痛，升华为对全体众生的悲悯。宋代黄庭坚评价杜甫的一句诗是“醉里眉攒万国愁”，他为什么愁？醉了也愁，皱着眉头，终日忧苦，正是因为博爱而心劳。他人道主义的盈盈泪光划过八百里秦川、三千里江山，关注的却是“君不见青海头，古来白骨无人收”。他的心灵，永远惦记着苍生之痛；他的悲情，永远亲吻着家国河山。21 世纪的今天，到哪里去寻找这样纯粹的人呢？

五

李白终究耐不住寂寞，他做不了嵇康、陶渊明。他在入世、出世这两条路上一步三回头，无休无止地纠结着，建功立业和自由精神似乎都很重要，太难取舍了。李白内心极为矛盾，心中终有不甘，即使四处求仙访道也不能帮他彻底摆脱俗念。眼看自己渐入人生暮年而壮志未酬，他对白白流逝的时光充满了焦虑：“君不见黄河之水天上来，奔流到海不复回？君不见高堂明镜悲白发，朝如青丝暮成雪？”安史之乱爆发，55 岁的李白重新燃起家国志向。机会来了，他加入了永王李璘的幕府，希望为平叛建功立业。不料他站错了队，这是政治上的大忌。永王与唐肃宗兄弟反目，继而被杀，李白也受牵连获罪下狱，不久被流放夜郎，不过船驶过巫山的时候，幸运地遇到大赦被放还。李白九死一生，喜出望外，立即“朝辞白帝彩云间，千里江陵一日还”，此后继续流落江南一带。

李白获罪被流放夜郎后，杜甫只知他被流放，却不知他后来遇赦。音信杳无、积想成梦，于是就有了杜甫的《梦李白二首》和《天末怀李白》，诗中处处设身处地地为李白的安危着想，如此知心之作在诗歌史上很是稀有。打听到李白的行踪之后，他又写了长诗《寄李十二白二十韵》，对李白的一生经历做了精练的概括，乃是一篇具体而细微的“李白评传”。我们不知道李白是否收到了这首赠诗，但杜甫没有得到李白的回音却是肯定的，因为不久之后，杜甫又因“近无李白消息”而作《不见》。

多少年来，杜甫对李白的深情一直源源不断地出现在杜甫的诗作中。杜甫诗集中收录的赠李白的诗多达15首，加上与李白有关的诗，合起来近20首。其中对李白的崇拜之意无以言表：“白也诗无敌，飘然思不群”，“千秋万岁名，寂寞身后事”，尽管此时杜甫的诗艺、诗名其实已超过了李白。那些诗中还有对李白生不逢辰、怀才不遇的惋惜同情：“冠盖满京华，斯人独憔悴。”李白被世人嫉妒和咒骂，杜甫自己却比李白还憔悴，他为李白伸张正义，愤怒地喊出了“世人皆欲杀，吾意独怜才”。李白能有这样的朋友，真可谓快慰平生了。而最见杜甫真情的，则是他梦中回忆李白的那首诗：“死别已吞声，生别常恻恻。江南瘴疠地，逐客无消息。故人入我梦，明我长相忆。”这种生离死别，几乎与苏轼《江城子》中对亡妻的追悼异曲同工。赠李白、忆李白、怀李白、梦李白、寄李白，而且几乎每首都是呕心沥血、情真意切的名作。“凉风起天末，君子意如何？鸿雁几时到？江湖秋水多。”千载之后读这些一往情深的诗句，仍然令人情动衷肠。萍水相逢的男人可以产生深厚的友谊，但像杜甫这样在梦中呼喊着李白的名字，醒来后又像情人般为梦中男人写诗的，似乎绝无仅有。看到“三夜频梦君，情亲见君意”这里，很多人都忍不住要掉眼泪。这是一种何等缠绵、深沉的思念之情，竟然让杜甫连着三个晚上夜夜梦到李白？不仅如此，杜甫还时常挂念着李白的衣食住行，担心他被贬逐以后的安全，像一个父亲担忧自己的儿子那样深情叹息：“江湖多风波，舟楫恐失坠”，“水深波浪阔，无使蛟龙得”。

六

唐乾元二年（公元759年），杜甫西行到四川，定居成都。此间，杜甫一家先后得到彭州刺史高适、剑南节度使严武等人的救助，过了一段相对安定的生活。在友人的帮助下，于成都西郊风景如画的浣花溪畔盖茅屋居住，这便是他诗中提到的“万里桥西宅，百花潭北庄”的成都草堂。他在这里断断续续住了五年，难得的悠闲自在、温饱无忧的日子才使他能够写下“两个黄鹂鸣翠柳，一行白鹭上青天”这样轻快的诗作。严武赏识杜甫，推荐杜甫做了剑南节度府参谋加检校工部员外郎，这是个六品虚职，所以后世又称他为“杜工部”。杜甫过着靠友人接济的尴尬生活，如此人生境遇使他变得极为谦卑，已经完全丧失了传统文人的自尊，更谈不上清高了。

八月秋深，狂风怒号，风卷走了杜甫草堂屋顶上好几层茅草。茅草乱飞，飞落到浣花溪对岸。南村一群不懂事的儿童欺负他年老无力，居然忍心在他眼前做出盗贼的事来，毫无顾忌地抱着茅草跑进自家竹林去了。杜甫喊得唇焦口燥也没有用，只好狼狈地回来，拄着拐杖感叹自己的不幸和世态的悲凉。屋顶漏雨，床头没有一点干燥的地方。像线条一样的雨丝落个不停。自从战乱以来，睡眠的时间本来就很少，长夜漫漫，屋漏床湿，怎能挨到天亮？他正为自己的潦倒和窘迫伤心落泪，可转念一想，天下还有太多比他更加不幸的穷人，他笔墨颤抖地写下《茅屋为秋风所破歌》，他又心忧天下了：怎么才能得到千万间宽敞高大的房子，以安置天下一切贫寒的穷苦人，让他们个个都开颜欢笑呢？祈愿所有人的房子都不为风雨所动摇，安稳得像山一样。唉，什么时候眼前出现这样高高的房屋，即使唯独我的茅屋被吹破，自己受冻而死也心甘情愿。

李白应该就是在这段时间死去的，李白的死被赋予了仙境一般的传奇场景。李白在安徽当涂的长江上饮酒，因醉酒跳入水中捉月而溺死。他跃入江中捉月的那个动作是如此沉默无声，几乎是悠然飘入大江，轻盈得宛若谪仙，如梦如幻。如果李白真是溺水而死，那么就被杜甫所预测过，杜甫在冥冥之中仿佛有预感，他在“三夜频梦”李白之际，作《梦李白二首》，反复提出自己的担心：“江湖多风波，舟楫恐失坠”，“水深波浪阔，无使蛟龙得”。跳江前李白仍然念叨着要上阵杀敌、为国效力。政治上两遭惨败，他也未甘心、未死心。听到李光弼出兵东南的消息，他又按捺不住心潮的狂涌，前去投军，后因半路病倒才无奈折返，这时候他已经61岁了，心里却还是“我本楚狂人，凤歌笑孔丘”，一代“诗仙”恣意狂狷，狂得死不悔改了。

其实，李白、杜甫之间的情义并不对等。杜甫有情，李白薄情。现传一千多首李白诗中，只有四首与杜甫有关，有的纯属敷衍了事的应答。杜甫的情义是忠贞敦厚的，李白的情义则来得快去得快。李白到处风流寻欢，一系列狎妓嫖娼的诗句交代了他的“斑斑劣迹”：“美酒尊中置千斛，载妓随波任去留”，“黄金白璧买歌笑，一醉累月轻王侯”，“千金骏马换小妾，笑坐雕鞍歌落梅”。李白不会考虑别人的感受，也不会理性地回报他人的付出，他的情感随性而任性，完全由着自己的情绪和感觉来。他留给杜甫的诗实在算不上用情真挚，远远不及留给孟浩然的那首千古名篇“故人西辞黄鹤楼，烟花三月下扬州。孤帆远影碧空尽，唯见长江天际流”。小县令汪伦不过是热情地招待了李白几天，李白似乎就感动得一塌糊涂，说“桃花潭水深千尺，不及汪伦送我情”。李白自我而又自恋，他不是一个儿女情长的人，甚至是一个感情泛滥、没心没肺的人。李白不适合于官场，他情绪冲动，耽于幻想，天真幼稚，放荡不羁，这种气质和性格，决定了他那激情浪漫的诗魂只属于山水，妻子的温柔缠绵留不住他，朋友的眷恋相恤更留不住他。“但使主人能醉客，不知何处是他乡”，对李白来说，家在哪里似乎并不重要，无非是漂泊中的一个驿站。他一生真正情有独钟、念念不忘的只有一件事，那就是出仕为官。滥情即无情，这算是一种缺陷，但对于一个站立在文学史巅峰之上的极品诗人来说，正是这样的缺陷成就了他的独立、自由和奔放。千万不要用道德原则来要求李白，在做人方面李白有很深的缺陷，但没有这种缺陷，李白就不是李白。李白是自然之子，李白把情义给了长江大河，给了锦绣山川，给了天上明月，给了数不尽的相见恨晚的兄弟和一夜欢情的美女。

李白死后，杜甫仍在《昔游》《遣怀》两首诗中追忆当年与李白的友谊，对于杜甫来说，这一份情谊全然超越了生死。后来，杜甫的好友严武去世，杜甫失去了唯一的依靠，不得不举家离开成都，再度漂泊。他于唐代宗大历三年（公元 768 年）出三峡，辗转于江陵、公安一带，年底抵达岳阳。安史之乱被平息后，杜甫在《闻官军收河南河北》中曾这样畅想：“白首放歌须纵酒，青春作伴好还乡。即从巴峡穿巫峡，便下襄阳向洛阳。”到如今，美好的向往和梦想已在悲惨的现实面前被击得粉碎。杜甫 58 年人生的最后两年漂泊于洞庭湖及湘江一带，屈原的亡魂已在此飘荡了一千多年。唐代宗大历五年（公元 770 年）冬，晚景凄凉、饥寒交迫的“诗圣”杜甫，在误食不洁牛肉之后，身体出现重度食物中毒的休克症状，终于魂断从长沙前往岳阳的船上。他临终时写道：“亲朋无一字，老病有孤舟。戎马关山北，凭轩涕泗流。”

只要是中国人，从小读书的时候就知道李杜，无论作为文学形态还是生命形态，李杜二人缺一不可。李杜并称，仿佛指的不是谁的狂放不羁、谁的恨苦艰难，而是那两个字天生就应该在一起，永远不能分离。

王维：空山红豆

一

当那个宏伟壮丽的长安城对王维的到来还一无所知的时候，这个“九岁知属辞”的文弱少年已经为有朝一日要实现的长安仕途在家乡孜孜不倦地苦读了无数个日月。

年少时，他就写下著名的诗句：“红豆生南国，春来发几枝。愿君多采撷，此物最相思。”但这位后来被诩为“诗佛”的王摩诘一生都生活在北国，他的相思植根于北国。

他首次应试是在开元八年（公元720年），结果落第。为现实所迫，在当时的社会风气影响下，王维对仕进之路进行了上下求索，他频繁出入于宁王、薛王、岐王等豪门，采取更为直接有效的干谒手段结交权贵，为自己与弟弟的仕途积极奔忙，王爷们对他相当好，“待之如师友”。

为了求得科第的门路，“妙年洁白，风姿郁美”的王维曾怀抱琵琶，像个歌伎一样在酒宴间为大唐的玉真公主献艺。玉真公主听了王维演奏的《郁轮袍》后，让宫婢将王维带入室内，帮他换上华丽的锦绣衣衫，随后置办酒宴，安排王维入宴，并让他坐在宾客的上首。席间，众人谈笑之际，公主觉得座中王维风流蕴藉，语言谐戏，不禁一再瞩目。于是第二年，王维就顺顺当当地进士及第了。21 岁的王维以“男色”被唐朝的公主“潜规则”了，被“潜规则”的王维被封为八品太乐丞。级别虽然不高，但这却是个为皇室宫廷宴乐培养乐队伶人的官。玉真公主这样安排，是不是为了让他方便进出宫禁及皇家苑观之类？

正当他雄心勃勃、准备大展才干之际，却因少年识事浅，在一次皇帝不在场的情况下，允许乐工演奏了只能为皇帝表演的黄狮子舞而违法，被贬为济州司库参军。“伶人舞黄狮子”一案似一盆冷水，不仅迅速终结了他对长安的殷殷期待，而且无情地结束了他在长安春风得意的少年时光。从此，王维不再迷恋长安的光彩夺目，他与长安开始了更深层次的对话和交往。这一时期，王维基本上处于疏离长安的贬谪漂泊状态，心中充满了对自己无辜遭贬的痛心和愤慨。

王维 33 岁那年，妻子亡故。有野史猜测王妻之死是因为丈夫被玉真公主长期霸占而郁忿成病。真相究竟如何已不得而知，但妻子早夭后王维终身未娶却是事实。

开元二十二年（公元 734 年），张九龄任宰相，这是政治昌明的“开元盛世”的最后一抹彩霞。这一年，34 岁的王维赴洛阳献诗求张九龄引荐。次年，“官迷”王维被张九龄起用为右拾遗。可是，张九龄执政不到三年，就被处心积虑的李林甫排挤出朝廷，王维刚刚燃起不久的政治热情也随之再次低落下来。王维对张九龄被贬甚感沮丧，他感叹“人情翻覆似波澜”，作《寄荆州张丞相》一诗寄意，表示将退出官场。王维被迫出使塞上，说是到凉州慰问边防将士，实是受牵连被贬。失之东隅，收之桑榆，诗人写了一连串边塞诗，如《陇头吟》《从军行》《燕支行》等，还写游侠，“新丰美酒斗十千，咸阳游侠多少年。相逢意气为君饮，系马高楼垂柳边”，还有“渭城朝雨浥轻尘，客舍青青柳色新。劝君更尽一杯酒，西出阳关无故人”。这些诗篇豪放得让人仰慕，灿烂得令人震颤，即使时隔千年也是如此。

二

边塞归来，杜甫在京师担任吏部郎中、给事中等小官，在较为平静的文官生活中，开始寄情山水，过起半官半隐的生活。李林甫、杨国忠当权，朝政黑暗，王维的心灵终于愿意飘然出尘了，他悠游于朝堂之外，寻找着自己的心性家园。他在终南山过上了“共携松叶酒，俱篸竹皮巾，攀林遍云洞，采药无冬春”的隐逸生活。他营建蓝田辋川别业，常常在公余闲暇时间回到蓝田小憩，辋川别业成为他最为喜爱的闲居吟咏之所。他在长安与辋川之间来回往返，与帝都若即若离。他游刃有余于官员之间，轻松自如地驱散了笼罩于周围的浓云惨雾，举重若轻地化解了奸臣当道可能发生的种种矛盾，谨小慎微地规避了一次次近在咫尺的危险。他既固执地坚守自己的政治立场，又明智地与李、杨之流保持着相对安全的联系。透过他的上百首诗作，我们看到的是一个失意彷徨、心境难平的王维，与官场周旋妥协的王维，追求禅宗境界、隐逸人生的王维，在仕与隐之间徘徊沉吟的王维。

盛唐时期，统治者对隐逸行为推崇奖掖，极大地激励了士人对隐逸的兴趣和践履，他们隐居山林、养名待时，激扬名节，以期获得统治者的赏识与征召。他们在隐逸时全无消沉颓废之情，即使偶尔流露出伤感，其骨子里也并未丧失希望，他们并非真要遗世独立、隐逸终身，也并未与政治仕宦彻底握手作别，而是以退为进，待价而沽，待机而动。这一点既与魏晋时期文人为了全身远祸而隐逸不同，也与六朝时文人附庸风雅的隐逸有别。盛唐士子一方面隐居山林，另一方面又志在青云，隐逸时也不废行谒之举，足见这一时期的待时之隐充满着功名之念和进取之心。对朝廷的系念、对功名的渴求、对自身价值的肯定，使盛唐隐逸透露出时代的青春意气。王维在这一时期的归隐应该是符合时尚和时宜的。

长生殿上尚歌舞，渔阳鼙鼓动地来。天宝十五年（公元756年）六月，安禄山率兵浩浩荡荡开进了长安，唐明皇带着爱妃仓皇辞庙。安禄山攻取长安建立政权，由于“干部”稀缺，安禄山求贤若渴地决定把唐王朝现成的人才资源拿来使用，这其中就有王维。在刀剑威逼之下，这位食唐禄、得盛恩的王维也被组阁进入了伪政府，当上了一官半职。不过，王维内心始终忠于唐朝。一次安禄山于凝碧宫宴请群伪官，召梨园弟子奏乐。国破家亡，梨园弟子个个哀叹流泪不止，无心奏乐。王维听说此事后满心悲恻，写诗道：“万户伤心生野烟，百官何日再朝天？秋槐叶落空宫里，凝碧池头奏管弦。”表达了他对李唐朝廷的眷念之意。

安史之乱被平定，李氏重新掌政，王维成了“叛徒、内奸、逆臣”。一堆帽子戴在头上，对一个文人士大夫来说，这自然是人生无法承受之重。这不仅是李唐帝国给王维增添的无穷压力，也是中国传统文化以万钧之力、万代之势压迫着王维。因为从中国传统的思想价值观来看，被安禄山的叛军所俘，那就只有一条路可走：取义成仁，这样才能被主流价值认可和褒扬，才能进入万世景仰的忠烈祠。王维不但没有“守节”，而且还任了伪职。唐军收复长安、洛阳，王维被投入狱中，随后押往长安候审。他当时所犯的罪按律应当处死，甚至要诛灭九族。但因其弟王缙平乱有功，手足情深，王缙情愿自己去职为哥哥赎罪，加上有忠心于大唐的《凝碧池上作》一诗作证，王维终于被赦，只受到降职处分，不久又升任尚书右丞，这是王维仕途的顶点。经此劫难，王维对政治彻底失去了信心，他在《责躬荐弟表》中深刻检讨、无限忏悔自己“没于逆贼，不能杀身，负国偷生”，他终于受不了内心的重压，退到深山更深处，从此“万事不再关心”，只让山水洗涤心灵之污，苟且偷生于盛世。

正值夕暮的光景，深秋清朗萧爽的风物在辋川一带徐徐展现，王维与道友裴迪泛舟水上，把酒临风，相酬为乐，陶醉在隐者的大欢乐里。这时候的辋川已经是王维的辋川，很美很秀丽的是辋川的山水诗，它们长在辋河里，长在冬树的枝梗上，长在阳光与云朵之间。

王维的大禅机此时已百炼成钢、晶莹剔透。他的《山居秋暝》一诗写道：“空山新雨后，天气晚来秋。明月松间照，清泉石上流。”这是汉民族最美丽、最亲切的风景，这种风景不苍凉、不雄伟、不神圣，山居秋暝“意清理惬”，又平常可人，使人留恋并不忍离去。王维写的不是山高水远、地老天荒的孤绝之境，而是建构了一种不可凑泊、冰清玉洁、透明温润的清寒之境。

三

天宝九年（公元750年）春，王维之母去世。为母守丧期间，王维在辋川居住两年有余，这大概是他在辋川隐居时间最久的一次。他与佛居士谈经说法，在终南山别业居住、生活，真正是“宁栖野树林，宁饮涧水流。不用坐粱肉，崎岖见王侯。鄙哉匹夫节，布褐将白头”。此后，“安史之乱”的打击，人生的几回大变故，使王维彻底心灰意冷了，“一生几许伤心事，不向空门何处销？”只有遁入空门了，“晚年唯好静，万事不关心”。丧妻后，王维只身一人，了无长物。他长斋奉佛，不茹荤血，不衣文采，俨然一位佛教徒了。他所能做的，只是“应门但迎扫，畏有山僧来”，“藉草饭松屑，焚香看道书”。成了佛居士的他并未丢掉诗人的本分，他仍在作诗绘画，只是诗味变了，他援佛入诗，以禅理解释万事人生，这是王维一生多变诗风的最后一站，也是他人生轨迹的最后一道亮光。

秦岭，古老中国的锦绣山川，辋谷之内气候极佳，生长着多种动植物，显示出一片生机。除了这些秀美有趣的自然景观之外，辋谷内还散布着农庄，农民的耕种生活场景偶尔也可以见诸王维的诗中。王维沉醉于这种生活当中，对辋川常怀深深的眷恋。每次要离开这片乐土的时候，他都依依不舍、无比惆怅：“依迟动车马，惆怅出松萝。忍别青山去，其如绿水何。”

在禅学的昭示下，他常常在诗中写到闭门，自信一颗向禅的心灵足以消去世上纷扰，一门一户就足以从精神上隔绝喧闹纷逐的人世。

在唐代佛教的各个流派中，王维信奉的是禅宗，始习北禅宗，后转为倾心南宗慧能。慧能主张“以无念为宗”，追求一种心空的境界。面对日月星宿、山河大地，禅宗开拓了一个空旷虚无、无边无涯的宇宙，又把这个宇宙缩小到人的内心之中。慧能认为，自性本空，虚空即我性，所谓的五蕴六境都是虚幻不实的。正是由于心性的空，方能承载世界万物之有，而这种有在本质上也是假有，是虚空。万法皆空，若要明心见性、体悟空本，就必须即事而真，通过内在心性与外在物境的契合交彻而获得一种对“空”的证悟。王维的诗总是渗透着这种空性，不管是“暮雨空山”，还是“空山新雨”，到处都充满着天真灵性之美，诗人在自然的融合之中看空了外在之相，也看空了内在之心。正如王维自己所说：“色空无得，不物物也。”

佛家有云：“世人性净，犹如青天。”王维独自漫游山林，或赏月弹琴，或长啸赋诗，或探访古寺，自然的洁净无尘让他在烦扰之余宁心静虑，回归自己清净的心性。此时的王维所期望的，是从一个有系念的“污染我”也就是“妄我”中解脱出来，而实现一个无系念的“佛性我”，也就是“真我”。

但是，王维对“空”的期许，是不是也充盈着一种强烈的“执”呢？他真的能把自己对世界的爱恋与相思从心中掏空吗？

研究唐代文学的学者王志清先生在《纵横论王维》一书中阐释说：“王维亲和山水绝不是简单化的非此即彼的远离政治或者对抗政治的选择，而是灵魂被罪恶感压迫到了无法忍受地步的一种生命本真的反抗努力。”这种灵魂的罪恶感来自于早年为求功名被玉真公主“潜规则”的耻感？是对结发亡妻的忏悔与歉疚？是对自己在安禄山之乱时接受伪职、失节受辱的悔恨？抑或是对肮脏官场和荒唐政治的绝望？还是对自己“树欲静而风不止”的“官迷”弱点的厌弃？如果这一切过往之业纠缠压迫于心上，王维的心能“空”得了吗？总之，一切源于“我执”。

这也许可以解释为什么王维的诗在文学意境上美妙绝伦，但从佛学境界上考察却略逊许多禅诗。和南宋高僧道济的禅诗相比，王维的诗不停地重复“不见人”“人闲”“人不知”“寂无人”等词语，顽强地表达出一种孤独情绪，这透露出王维的潜意识中有一种刻意消除“我执”以达到“无我”禅境的意向，而正是这一种“刻意”和“强为”，显出其心识仍处于微细的执着之中。王维自遣山水，是因其特定的遭遇和心境的影响，在一定程度上表现出与禅宗佛界相悖的执我执空的知性意念。

要去除“我执”，把对世界的爱恋与相思从心中掏空，容易吗？

红豆生南国，春来发几枝。愿君多采撷，此物最相思。

洛阳花

皎然：永夜一禅子

一

动植物的白色化历来罕见，被当作灵物瑞兆看待，比如佛教中有白雀与白猿听经的故事。皎然和尚的家乡湖州出产的白茶也是如此。

中国古代的读书人有一大奇观，稍微学业有成，或者科举题名，就开始干谒。所谓干谒，在一定程度上，其实就是今天的跑官要官。

皎然早年曾读书游历，由于习儒，起先抱的是入世的态度，和唐代多数青年才俊一样，有过功名的追求。生活富足的皎然，以“高富帅”的身份，从家乡来到京师，为入仕而不停奔走，拼命干谒权贵。干谒的结果是很不体面的，只能慨叹“吾道不行计亦拙”。大约在天宝初年（约公元742年），20多岁的皎然，经过长期的跑官要官，心力交瘁，一事无成，只好作归山之计。

放弃了入世追求，他迁徙到江西庐山，隐居山野，求仙问道，研习长生驻颜之术，对道教发生浓厚兴趣。但时间不长，由于心浮气躁，皎然的学道生涯以失败告终，不得不返回江南故乡湖州。

皎然30岁左右，在中国的北方和江南一带，连续发生了几次社会动乱，安史之乱、江浙刘展之乱、台州袁晁之乱。从《唐才子传》《全唐文》等官方文献看，社会动荡、亲故离散加上学道不成，直接导致了皎然出家，使他转而参禅学佛。

关于皎然出家的原因，还有另一番唯美的解释。虽然正史上查无可考，但是野史中绘声绘色。唐人笔记的零星片断，还有湖州一代的民间传说，让我们剪辑出一个归乡游子的诗酒风流。

人到中年、黯淡回乡的皎然失意愁闷，无所事事，纵意流连于酒肆歌楼，吟诗题字，舞文弄墨，总是赢得满堂喝彩。但是，别人对他的仰慕他全然不顾，他只关注一个名叫素娥的歌女，风姿美艳，气质如兰。皎然对她如醉如痴，苦苦追求，素娥却刻意保持距离，淡然处之。一次酒后，皎然贸然对素娥表白："不知我是否有幸？听你弹琴一曲，并与你红烛低语？"素娥俏皮而端庄地回复他："你虽有才学，也慧根极佳，但身上俗气太重。先是跑官多年不成，然后学道数年不成，虚度半生，你还能做成什么呢？我希望交往的男人，是厚重的义士和雅士。"

一向自我感觉良好的皎然遭到拒绝，羞愧难当。歌楼女子的激将和点拨，让皎然意识到，作为而立男人，自己的确一事无成，而且又有失厚重。

震天撼地般的顿悟发生了，由自省而觉悟。被污染、被遮蔽的心性豁然明净开朗。这一年，是在唐代宗大历二年（公元767年）至三年春，皎然大约45岁。皎然受戒出家于杭州灵隐山天竺寺。受戒以后，又返回湖州，在风光秀雅的苕溪上营建草堂，从此定居下来。

作为僧人，他并不长居于寺院修行读经，也不只是与黄卷青灯为伴。湖州的兴国寺或杼山妙喜寺可能只是皎然的挂籍之所。更多的时候，他居于草堂，交游频繁。主要在湖州与在位官吏、退休官员、文人、隐者、僧人、道士流连光景，诗酒唱酬。

二

唐代佛教，是禅宗成长光大的黄金岁月。禅宗的出现，是中国佛教的一次宗教改革，它使中国佛教挣脱经书的教条和义理的抽象，回归到实实在在的平常生活。禅宗认为，佛性就在众生自性之中，迷与悟，只是翻覆之间。六祖慧能发现，在相对的“两个方面”，不落二边，不执一端，而于其间既不沾不滞，又互文互释，这就是般若所说的“方便”。皎然主要活动在吴中地区，当时江南马祖道一的洪州禅开始兴盛，“明心见性”“顿悟成佛”的南宗禅风遍染禅林，发展为“平常心是道”的佛教精神。所谓“平常心”，就是现实当下之心，强调个人的自性自度，从现实的一举一动、一言一行中去证悟“人人皆有佛性”，反对离开现实人生妄图解脱。在禅宗的观念里，挑水搬柴、穿衣吃饭甚至扬眉瞬目都是禅修。这样一来，修炼，在日常生活中进行，不离人情。在这样的时代风尚之下，皎然相信，作诗也是修行的一种。似乎除了娶妻生子，狭斜狎妓，求取功名之外，俗家文士的生活对他一无所忌。禅僧只讲心悟，不拘行迹，虽声言“不立文字”，但也不妨吟咏情性，佳句纵横。皎然就是这样的一个僧人。

“古寺寒山上，远钟扬好风。声余月树动，响尽霜天空。永夜一禅子，泠然心境中。”你看皎然这首诗，意不在写景，而是将诗境引向澄澹悠远的、与某种“证悟”相关的心灵境界，这正是如来清净禅给予皎然的深深影响。

“夜夜池上观，禅身坐月边。虚无色可取，皎洁意难传。若向空心了，长如影正圆。”这些诗句中的“月”，已非那一轮能引起人的悲欢离合、离愁别绪、惊人事、感物华的月了。这时的“月”，是禅家所谓的“万古长空，一朝风月”。在人与月的相忘观照中，观照的双方互为主体，禅者对任何事物都不贪恋执着。一点觉心，静观万象，游心无碍，洒脱自由。由此可见，这些月的意象，最终指向的仍是那妙意难传、互契互证的禅意的悠远的心境。

皎然，这位伟大的诗僧，他的禅诗和诗论无不表现出清新淡泊的情趣和幽远深邃的意境，处处体现着“禅的关照，禅的明净，禅的超脱，禅的穿透”。他敞开心灵，以一颗宁静的禅心牵动万物。如素娥期望的那样，他终于既脱去凡俗习气，又不离世故人情，成长为一个厚重的男人。

虽然禅宗强调“不离人情”，但禅诗，和一般的诗歌毕竟是不一样的。因剥离声色人欲，接近苦吟。在中晚唐的苦吟格局中，诗僧皎然融入时流，促进苦吟之风，将苦吟变成一种生命的需要。

虽然在佛学和诗学之间融通游刃，但皎然对自己从事诗歌创作是心存纠结的。他很明白，作诗不是“禅者之意”，不是修行禅悟的正道，有违于自己的禅僧身份。诗歌“扰我真性”，对自己的佛学修为是阻碍，因此“欲屏息诗道”，从此封笔绝诗。对自己的诗歌理论著作《诗式》更认为是“外物”，甚至命令弟子把《诗式》销毁。是啊，诗歌的本质要素就是“情”，要求诗人对外部事物有着敏锐的感受力，具备较常人更加丰富的、纤细的情感，而自己作为六根清净的僧侣，写诗显然有悖佛教修行的本义。皎然以僧人身份立于世，他从来没有忘记自己首先是个僧人，所以他的行止、他的诗总是谨守着僧人的藩篱。

三

我们都知道陆羽是中国的茶神。但是，很少有人知道，皎然和陆羽是一对挚友，彼此往来密切。他们常常相约品尝新茗，尤其是卓尔不群的白茶，香气清高鲜爽，不着青袍爱绿萝。再看，春山碧绿如翠，闲阶夜雨滴洒，每次饮茶结束，皎然沿着湿漉漉的山道送别陆羽，空气沁人心脾，茶香挥之不去。那光景是多么纯粹无争，多么自由美好。他又写诗了，与茶有关：“太湖东西路，吴主古山前。所思不相见，归鸿自翩翩。何山尝春茗？何处弄春泉？莫是沧浪子，悠悠一钓船。”皎然朝思暮想着兄友，又苦于不得相见，看到鸿雁飞翔的貌状时，就越发思念好友陆羽了。皎然心中产生了一连串的假想，莫非陆羽到哪座山上去品尝春茶了？或许跑到别处去观赏春泉了？也许，陆羽悠闲自得地划着一叶扁舟到某条江河去垂钓了吧？由此可见，皎然和陆羽，在那与世无争的日子里，心灵一片寂静，境界一片怡然。

湖州山川隽秀，绿水长流，又交上陆羽这个超级茶友，品茶成为皎然生活中不可缺少的嗜好。“茶道”一词最早就是皎然在《饮茶歌诮崔石使君》一诗中明确提出来的，诗中云："一饮涤昏寐，情思朗爽满天地；再饮清我神，忽如飞雨洒轻尘；三饮便得道，何须苦心破烦恼。"皎然提出的"三饮"理念，神韵相连，层层紧扣，把饮茶的精神享受作了最完美最生动的阐释。在湖州连绵的青山和茶园之间，皎然忘我地活着，介于有情与忘情之间，介于有意与无意之间。这就是禅的真正境界。

结局明显有点虐心。皎然已经成为得道高僧，无论是佛学的造诣，还是诗名茶名，都闻名吴中，显赫大唐。这时他已年过六旬。在江南湿热的梅雨中，在一片葱茏的茶园里，皎然和素娥重逢了，显然是意料之外，不期而遇。由于长期参禅饮茶，皎然容貌不老，清俊健朗。而一直独居已近40岁的素娥，似乎也保养良好，肌肤如初，不折不扣的风韵美人。

素娥望穿时光，无限感慨："当年的浮薄浪子，终成厚重男人。"

皎然拱手相谢："我最该感谢的人，是你。"

素娥试探："不知我是否有幸？为君弹琴一曲，并与你红烛低语？"

皎然淡定："我已断绝人间男女情事。"

素娥反问："禅宗不是说，修炼，不离人情吗？"

皎然再答："不离人情。但不包括男女情欲。"

素娥叹息："那就等来生吧？"

皎然迎风站立，果然心如明镜："有来生吗？如果修行圆满，涅槃后必无轮回。如果不能成佛，来生不幸再次轮回到世间。我在西域，你在南洋；抑或是，我在东瀛，你在大唐。隔世风烟，人海茫茫，哪里又能遇到，哪里还能记起，哪里还能相识呢？”

素娥含泪点头：“那这个情字，全是因缘性空之产物，只是外相，并无实体。”

雨继续下，淅淅沥沥。四周，古树连拳，竹海成荫。在无边的丘山之间，升起忧伤的岚烟，如梦如幻。一个人，就是一座青山，而青山茶园，皆成过往。在皎然和尚宁静如水的目光中，素娥一步步缓慢离去。她当晚整理了一箱衣物，叫了一辆马车，风雨兼程赶往天目山的一座古庵。残灯石壁间，素娥削发为尼。

白居易：家住匡庐和香山

一

那晚，天上的星星明亮照人，地上的芍药铺成厚厚的花毯。白居易那时还没有奔赴仕途，正置身于满天的星光下，迷醉于芍药花丛。他仰天顿悟，俯首低吟：“开时不解比色相，落后始知如幻身。”

从芍药花的开落最能体悟人生的短促和虚幻，人生如幻如泡影，这样的道理在花开的时节往往是难以明白的，只有当花儿凋谢、零落之时，人们才开始意识到花不过是一种空幻的存在。花是这样的空幻不实，而人实际上也如同梦幻一样虚空不实。所以，对于人的生老病死和荣辱盛衰，都不必太在意。

手抚一朵雪白的紫玉芍药，白居易给娇艳的花蕾献上一个青春的热吻。那个夜晚，星光满天。

白居易十七八岁来长安，袖筒里藏着诗稿去拜谒大诗人顾况。顾况一听来者叫“居易”，便戏谑地说：“这儿是京城长安，物价、房价都非常高，在这里居住可是大不容易呀。你是个无名后生，居然敢叫居易。”白居易听后，连连点头说：“大人说的是。不过，我这次来长安并无久居之意，只是为了向大人献上拙诗。”说着，他从袖筒里抽出诗卷，恭敬地呈到顾况面前。顾况随意地翻看诗卷，刚开始时显得漫不经心，可当他看到《赋得古原草送别》这首诗时，却眼睛一亮：“离离原上草，一岁一枯荣。野火烧不尽，春风吹又生。”顾况读完，赞不绝口：“白公子有如此高的诗才，不要说久居长安，就是久居天下又有何难。”此后，顾况逢人就夸赞白居易的诗，就这样，一传十,十传百，白居易诗名大振。

在诗坛大出风头，未见得就能在政坛畅通无阻。白居易在长安寓居三年，四处求人提携，四处遭人婉拒。眼看着求官无望，家中又无力接济生活费用，他不得不满怀惆怅地离开了长安。

白居易回到符离家中，一边陪伴母亲，一边准备科举。这期间，父亲调往襄阳做官，年幼的弟弟金刚奴病亡。白居易的哀伤不仅是在情感上，还在于他看到了生老病死的严酷。幼子夭折对白母打击很大，白居易陪着母亲南下襄阳，一家人团聚襄阳古城。可随即而来的是，白居易 23 岁这年父亲突然病故。全家失去了主心骨，也失去了经济上的来源。

按当时的礼仪，父亲死亡，儿子不管是在外做官还是经商，必须停止一切活动，做官的辞官，经商的弃商，回家守孝三年。白乐天除了继续在家苦读，就是陪母亲说话。

他有时独自一人跑到城南的汴河岸边，看着浩荡的河水向东奔流，那里水天一色，各种水鸟翩翩飞舞。在水边，有位叫湘灵的美貌姑娘，随清风挟带着兰草之香，飘然走进白居易孤独的青春岁月，二人爱意绵绵，情投意合。白母却非常气愤，她认为白家虽然贫寒，但毕竟是书香门第、仕宦之家，“官二代”的儿子与平民谈情说爱，实在是有辱门风。为了阻断两人的恋情，她不但逼迫湘灵和儿子断绝来往，还把家迁到东都洛阳。

离别之日，白居易把写好的《潜别离》放在了古琴上，手指轻轻一拨，绝美之曲，上苍可鉴。湘灵听到这曲子，柔柔地低下头，不觉泪水满颊。白居易知道，这次是诀别。分别大约是在松林里，白居易推开松叶走了。湘灵感觉泪水已经干枯，她挪了挪身子坐到琴前，纤手摊开诗人给她的最后礼物，悲伤地默读着："不得哭，潜别离。不得语，暗相思。两心之外无人知。"千年的松林，你看到这场心碎的别离了吗？

初恋刻骨铭心，以至于后来白居易在外仕宦多少年也不能忘记那份思念与回忆，他把他一生的相思都寄托到这首《长相思》的词里："汴水流，泗水流，流到瓜洲古渡头，吴山点点愁。思悠悠，恨悠悠，恨到归时方始休，月明人倚楼。"

湘灵姑娘曾经送给白居易一双鞋子，白居易一直保存着，此后的日子，不论在朝在野，白居易走到哪里就带到哪里。很多年以后，白居易被贬江州司马，便又将鞋子带到了江州。他将衣物一类的东西摊在院子里晾晒，忽然见到那双鞋子，青年时的历历往事便一起涌上心头。这时白居易已是45岁的人了，仍禁不住思绪翻腾，赋诗怀念湘灵姑娘："中庭晒服玩，忽见故乡履。昔赠我者谁？东邻婵娟子。"

对于白居易，爱情就只有这一次了。从此，与妻子，是生活伴侣；到青楼，是逢场作戏。

二

贞元十八年（公元802年）十月，白居易来长安参加书判拔萃科的考试，他与元稹同时被授秘书省校书郎。经过十数年的奋斗，终于踏入了仕途。这时他已经 32 岁了。尽管只是一个九品小官，主要负责“校理典籍、刊正错谬”的工作，但总算做上了官、吃上了俸禄，心里也踏实了许多。

他考中进士后回符离家中报信，经过洛阳时，听闻圣善寺凝公大师的声誉，便专程前往拜谒。白居易那时正是春风得意、踌躇满志的时候，每逢与人交谈，他总是掩饰不住内心的喜悦。可当他见到凝公大师时，却立即被大师那肃穆、安详、凝重的神情震撼了。他突然感到，在大师的胸中，不管外界有多少纷繁燥热，有多少暴戾冲突，有多少惊涛骇浪，都可以化为平静如镜的湖水。与大师那种深厚、坚毅的定力相比，白居易一下觉得自己是那么浮躁、轻狂和浅薄。

35 岁时，白居易正式开始了他的官宦生涯——赴终南山下的山城周至县任县尉。县尉的主要职责是向老百姓征收赋税。每逢收成不好，老百姓交不起赋税，县尉往往要带人抓捕，鞭抽棍打，场面惨不忍睹。而让白居易逼百姓交赋税，简直就和抽打他自己一样。他不苛求百姓，兴趣只在游山玩水上，常与一些隐逸文人交往。与他整日共事的另一位县尉李文略，也是一位性爱山水、同情百姓的文人。两人志趣相投。短短三个月，白居易在县衙里就觉得很不自在了，他厌恶官场上的奉上欺下，“我厌宦游”不是白居易故作姿态、表现清高，而是他心灵的真实写照。

这年冬天，白居易和朋友陈鸿、王质夫拿出酒壶，取来菜肴，在仙游寺坐下，谈天说地，议古论今，说起了唐明皇与宠妃杨玉环的情爱故事。白居易应朋友建议，将唐明皇与杨贵妃的故事写成长诗《长恨歌》。写完 120 句的《长恨歌》，白居易痛哭一场。他与湘灵的昔日恋情又涌上心头，那场热恋，几乎耗尽了他毕生的爱。正是有了那场肝肠寸断的苦恋，他才能写出那样歌颂爱情的千古篇章。“在天愿作比翼鸟，在地愿为连理枝。天长地久有时尽，此恨绵绵无绝期”，表面看上去写的是帝妃之恋，可那种体验爱情阵痛的极致深度，却一定来自他与湘灵的经历。《长恨歌》其实是古今帝妃婚恋与个人情爱自伤相融合的产物，亦即古今两重婚恋悲情的结晶。

得益于他那绚烂的辞章、耿直的谏言、横溢的才华，白居易被唐宪宗提拔为翰林学士。翰林院里集结了一群敢说真话、致力于革除弊政的文官。很快宪宗朝就出现了“中兴”之势。进士改革派和宦官、旧贵之间的党争激烈，两股政治势力逼迫着皇帝既要用改革派，又不能得罪宦官集团，白居易就在这样的政治斗争格局下做官，很快就身心俱疲。

元和三年（公元 808 年）春，春回大地，长安城重焕蓬勃朝气。37 岁的白居易还没有娶妻生子。不孝有三，无后为大，在众多友人的关心下，他与杨汝士的妹妹相识并完婚。夫人非常传统，虽没有多少文化，但美丽、端庄、贤惠。

元和五年（公元 810 年）四月，白居易任左拾遗一职的任期已满，等候调任新职。朝廷上下都知道白居易俸禄不高，家里一直比较贫困，母亲又长期有病，所以，唐宪宗同意让白居易自己选官，这也是皇上对白居易的一种特殊优待。白居易选择在京兆府任职，并不是为了晋升，而是他的家境太贫寒了，如果没有一定的级别，俸禄根本提不上去。作为一个传统士大夫，得到皇上如此的厚爱，又有谁不愿为之肝脑涂地呢？

白居易作有《新乐府》50 首，全是针对现实问题讽喻现实社会的，其中最为著名的就是“苦宫市”的《卖炭翁》、“伤农夫之困”的《杜陵叟》和《观刈麦》。对于中国传统知识分子来说，兼济天下、报答皇恩的方式不是在上司面前说好听的话，而是在朝堂上直言进谏，及时反映民生疾苦，真正对苍生社稷负责。

三

元和六年（公元 811 年），白居易 57 岁的母亲陈夫人因长期患心痛病并伴有精神分裂症，突然投井自杀了。为了尽孝心，白居易与白行简哥儿俩遵礼丁忧，辞官去职，为母亲守孝。在故里守孝的日子相当闲适，然而不久，意外悲剧发生了：他的 3 岁女儿金銮子得病夭折。这给白居易带来最为沉重的打击，他的精神几乎崩溃。佛教的“无生无灭”最终帮助他从丧女的悲痛中走出。从此，他经常去附近一个小寺庙居住，而且一住就是十天半月。

元和九年（公元 814 年）新春，朝廷又进行了人事变动，白居易也顾不上关心这些。此时他最需要做的是尽早开始准备春种。可这时他的眼病越发厉害，不能劳动，不能看书，不能喝酒。他眼疾的根源，一是看书太多，另一方面，则是因为在白居易 40 余年的生活中，亲友病逝太多，特别是在不惑之年，连着失去了母亲和女儿两位至亲，他的眼泪流得太多了，眼疾自然由此而起。他的眼睛好像蒙上了一层东西，看东西总觉得光线不足。敷药、喝药都无济于事，唯一能治眼病的办法，就是闭目养神学习头陀法：无欲无念，六根清净。

世族旧官僚集团的代表人物李吉甫病卒，韦贯之复出做了宰相，这让进士出身的士人们甚感欣慰。白居易与韦贯之交情不错。于是，经过了四年的贫穷但无拘无束的乡间生活后，白居易再也忍耐不住内心的寂寞和生活的困窘，终于再次出山了。这对于一个口口声声标榜向往山林、田野、出离遁世的文人士大夫来说，似乎是一种自然的嘲讽，但实际上，这正是此时文人士大夫出世与入世的一种双遣思想的真实显照。

对于大多数文人士大夫来说，他们首先更注重兼济天下；仕途不顺，撞得头破血流后，才开始“独善其身”。但是白居易不一样，他兼济和独善两不误。在长安复出后，公务再忙，也改变不了他寄情山水、游历佛寺的爱好。这时候，白居易迷上了南禅宗，他和长安大兴善寺的惟宽法师甚为投缘。他第一次跑到大兴善寺听惟宽讲道说法，就被惟宽一眼认出。白居易问惟宽：“既然没有分别心，为什么还要修心呢？”惟宽禅师反问：“心本来就没有损伤，为什么还要修心呢？”惟宽告诫白居易，凡夫俗子因为无明愚痴，所以往往执着于大小乘，其实这二乘都是病，只有离开了这二乘，才可称得上是真修行。真正的修行者既不能太勤奋，也不能忘却一切。因为太勤奋，就近乎于执着，可忘却一切，又容易落入无明愚痴。这就是禅宗的心要大法。从此，白居易与惟宽禅师结下了师生情缘，经常去禅师那儿听法参禅。

元和十年（公元 815 年），白居易被贬为江州司马，这是他人生的一个转折点。白居易被贬的表面原因是他越职奏事，率先上书请求缉捕刺杀宰相武元衡的凶手，得罪了当朝权贵，而真正的根源则在于他平日所作的讽喻诗招致了当权者的嫉恨，故借此机会打击报复。对此，白居易自言：“始得名于文章，终得罪于文章。”

浔阳城外 30 里就是庐山。庐山是禅宗僧侣活跃之地，也成了白居易疗伤之所。仕途的受挫、世事的迁移、亲人的亡故、生命的无常，都在这座云雾缥缈的青山之间被抚慰。抚慰他的有山泉，有林壑，还有佛寺。他一遍遍游庐山的东林寺、西林寺、大林寺。大林寺是由著名高僧慧远法师的高徒昙诜所建的，从东晋末年到唐代一直都香火旺盛。烟霞春色里，白居易和一群文人雅士一道游览大林寺，本来四月间山下桃花都已凋谢，可奇怪的是大林寺的桃花刚刚怒放，千树桃花红艳喜人，众人高兴得击节称妙，像在一年中见到了两个春天。白居易触景有情，朗然吟诵："人间四月芳菲尽，山寺桃花始盛开。长恨春归无觅处，不知转入此中来。"

这年秋天，白居易的大哥白幼文回符离老家，白居易送他到溢浦口岸码头。夜宿码头，偶然听见琵琶声，识得琵琶女，写下《琵琶行》。他把琵琶女视为自己的红尘知己，与她同病相怜，写人写己，哭己哭人，宦海的浮沉、生命的悲哀，全部融入诗中。从"浔阳江头夜送客，枫叶荻花秋瑟瑟"的凄清意境开始，到"同是天涯沦落人，相逢何必曾相识"的伤心慨叹终结，又成就了一首千古名篇。《琵琶行》里交织着错综复杂的心态，有孤独、委顺和思乡。孤独，是对失意人生的悲怨；委顺，就是委时顺命，是对贬谪生活的主动应对；思乡，是对中原故乡的怀念、归依之情。

四

正当白居易沉醉于庐山美景时，传来大哥白幼文逝世的噩耗。相别没几天，就阴阳两隔、生死两茫茫，人生的无常啊，让你不知说什么好。带着心头无比的剧痛，他又一次走进佛教，靠佛禅来消弭内心的创伤。他大量接触东林寺的僧人，耳濡目染佛之智慧。他求智常禅师为他医治烦恼，禅师只劝他读《楞伽经》。白居易在香炉峰下遗爱寺旁建草堂数间，并和东西二林寺的长老神凑、智满、士坚、云皋、朗晦诸上人相交游，经常是“薄暮萧条投寺宿，凌晨清净与僧期”，他已经习惯了坐禅和诵经生活。

白居易做好了终老庐山、归心向佛的物质准备，他不但建了草堂，还建了药圃和茶园作为自己的养老产业。他并没有把“江州司马”这个官衔看得很重要，认为“匡庐便是逃名地，司马仍为送老官”。可是，作为一个儒家知识分子，白居易一直都在出仕与归隐的冲突中徘徊，内心的苦痛与矛盾在佛教里终究还是难以解决，他是个世缘太重的人，很难抛弃世情而隐遁山林。就在白居易情绪低落、仕途无望时，突然传来朝廷的诏书，命他赴三峡地区就任忠州刺史。他拿着诏书的手不停地颤抖，两行悲喜交织的老泪滴湿了衣襟。

元和十五年（公元820年），宪宗暴卒于大明宫，穆宗继位。否极泰来，穆宗下诏，先后授白居易为尚书司门员外郎和中书舍人。回到了阔别的长安，帝都以宽大的胸怀欢迎着他这位被贬的有识之士。而此时，白居易的弟弟白行简也被诏为左拾遗，兄弟一起上朝，好不畅快。

裴度与元稹为争夺宰相之位，矛盾重重，李逢吉利用二人矛盾，渔翁得利。从朝中这一变化，白居易看出朋党之争的残酷。他向穆宗请求外任，随即被任命为杭州刺史。

他在杭州的日子如鱼得水，那里有湖、有山、有禅寺。春光明媚，白居易来西湖游赏，烂漫的春花化作欢快的心曲：“孤山寺北贾亭西，水面初平云脚低。几处早莺争暖树，谁家新燕啄春泥。乱花渐欲迷人眼，浅草才能没马蹄。最爱湖东行不足，绿杨阴里白沙堤。”

夏天的时候，杭州城内高温燥热，白居易带了一名随身衙役到天竺寺避暑。杭州是有名的佛寺州郡。乐天的足迹踏遍钱塘江畔大大小小的名刹，灵隐寺、孤山寺、恩德寺、龙山寺、永福寺，都是他屡屡造访之地。他总是饶有兴致地和各位寺僧谈禅论道，还入山和鸟窠道林禅师问答禅要。那时候，道林禅师经常在秦望山一株大松树的盘曲如鸟窠的枝上坐禅，时人称之为鸟窠禅师。《传灯录》记载了白居易入山参访他的一则公案：

“禅师的住处很危险。”白居易说。

“太守的危险比我更大。”道林答。

“弟子位镇江山，有什么危险？”

“像薪火交煎着的识性未曾停过，不是危险吗？”

白居易有所领会似的，进一步提出宗门的话头来问：“如何是佛法大意？”

“诸恶莫作，众善奉行。”

“3 岁的孩儿也会这么说。”

“3 岁孩儿虽然能说得，80 岁老翁却未能行得。”

白居易从道林禅师的末语中得到受用，就向禅师行礼，并在孤山建了一座竹阁供养道林禅师为安禅处。

正月十五刚过，白居易就到浚井增堤的西湖工程上去视察，这个水利工程是他亲手抓的。就在白居易沉浸在西湖水利工程胜利完工的喜悦之中的时候，京城长安皇宫发生重大变故。唐穆宗因服食道教炼丹师的金石之药而中毒身亡。皇太子李湛即位，也就是唐敬宗。小皇帝年仅 16 岁，年幼无知，嬉游无度，于是朝政事务皆落于为人奸猾的宰相李逢吉手中，他一人权倾朝野。

五

唐敬宗即位一年后，朝廷诏白居易任苏州刺史。刚抵达苏州，白居易就开始了繁忙的工作，他着手进行赋税改革，把赋税平摊到每个人身上，不管是世家豪族还是寒门庶族，一视同仁。政务基本走上正轨了，可因批阅公文、伏案夜读，他的眼疾加重，不得不告假养病。白居易又可以到处走动，寻访名寺高僧了。他携带十位名妓，月夜前往武丘寺。一轮圆月挂在天空，给大地洒下银辉，白居易点燃烛火，诸歌妓轻歌曼舞。他流连于吴中的佛光禅林，报恩寺、思益寺、楞伽寺也是他频繁光顾之地。八月末，他的苏州刺史职务被免，他便彻底自由自在地游玩于各个寺庙。有一回，他沉迷于灵岩寺的夜景，别有一番感慨，写下“更无俗物当人眼，但有泉声洗我心。最爱晓亭东望好，太湖烟水绿沉沉”的诗句。歌妓多情地弹奏琵琶，白居易挥毫为她们作诗，叙说自己眷恋江南的一片柔情。

白居易年轻时纯情节欲、洁身自好，年纪越大，反而风流随意起来。也许是亲历过太多的生离死别，他觉得生命如此严峻，不如欢歌醉舞、两情相悦。为了涤除人生烦恼，白居易蓄妓玩乐，放纵自娱，直到暮年。他的诗中有姓名的歌妓便有十几个，最出名的是小蛮和樊素。他也嗜酒，有时是独酌。在苏州当刺史，公务繁忙时，他就用酒来排遣劳乏，他是以一天酒醉来解除九天辛劳的。他说：不要轻视一天的酒醉，这是为消除九天的疲劳。如果没有九天的疲劳，怎么能治好州里的人民？如果没有一天的酒醉，怎么能娱乐自己的身心？他是用酒来劳逸结合的。

白居易接到了返回朝廷的命令。临走的那天，苏州的百姓、商贾和官吏前来送行，场面之壮观，与杭州人为他千里送别的情景一样热烈而感人。上有天堂，下有苏杭，白居易在苏杭二处人间福地都做过行政长官，可以死而无憾了。

白居易重回长安后，又奉命出使东都洛阳。这期间，宰相韦处厚病亡，接着，他的朋友京兆尹孔戣、吏部尚书钱徽、华州刺史崔植相继病故。“半月之间四人死”，看着同代人的离世，白居易不寒而栗。可偏偏就在这时，58岁的白居易竟然喜得一男孩，白居易给孩子起名阿崔。老年得子，让白居易喜出望外。

老友们死去，新生命降生。生死如此循环往复。

六

他正式出任河南地方官，在洛阳生活了18年，留下了900多首歌咏洛阳山水的诗歌。此时的白居易，已经没有了当年担任苏杭二州刺史时那种励精图治、为地方百姓造福的干劲了。洛阳城南30里的香山寺是北魏建的名寺，白居易在这里避暑，舒舒服服、悠闲自在地欣赏美景。正过得安逸、舒适的时候，他唯一的儿子阿崔暴病夭折。丧子之痛尚未消除，他交往几十年的挚友元稹也突然得急病死去。

元稹临终前捎来大量钱财，委托白居易在他死后为他撰写墓志铭。白居易与元稹情同手足，撰写墓志铭义不容辞，那些钱，白居易用来重修了香山寺。香山寺重修工程刚刚结束，又传来了吏部尚书崔群病逝的消息。他们是有几十年交情的朋友，他的两度人生低谷都是崔群给予援引提携的，这些都是白居易没齿难忘的，他的死也让白居易深感悲痛。

亲人、朋友、故交都一个个离开人世，留下孤独的自己。佛教里讲人生有“八苦”，其中“爱别离”就是指：你的至爱亲人们，无论你们今生在一起相伴多久，最终彼此之间都是要生离死别的。

“浮生短于梦，梦里莫营营。”白居易看到了人生大限将至时那苍凉的谢幕，那个谢幕，无人能免。果然是生死之外无大事啊。白居易开始足不出户，编纂自己的文集，他的诗文总共编成 60 卷。他将所编文集托人寄送东林寺，并希望文集不借外客、不出寺门。

在遭遇一次次人生重挫之时，白居易能够迅速调整自己的心态，忘却烦恼，正是信奉的佛禅所起的作用。实际上自长庆二年（公元 822 年）50 岁时出任杭州刺史直到去世，白居易基本上被排斥在朝廷权力中心之外而受冷落，但他对这种境遇一直淡然处之，直至最后洁身引退，这些跟他沉浸于佛教生活、信念甚深有关。在佛教和自然中，他求得了委顺、适意、知足、忘情。

他对佛教的热衷从年轻时即已开始，老而弥笃，无论在长安、江州、杭州、苏州还是洛阳，都始终与佛门结下厚缘。在忠州为政时，白居易闻悉惟宽圆寂，怀着崇敬之情为其写的《传法堂碑》中，记述了他四次向惟宽问道、得无修无念之说的经历；在江州时，他曾在庐山东林寺旁结草堂，仰慕并效仿当年慧远与居士刘遗民等结社的故事，与东林寺、西林寺的僧侣结社；他两度在洛阳参访东都圣善寺法凝禅师，求得观、觉、定、慧、明、通、济、舍八字心要，并发挥为“八渐偈”，可以说法凝禅师是他的佛学启蒙导师；他从如满禅师处接受斋戒，退居后又和如满禅师结香火社，自称“香山居士”，他与如满的情谊延续了 35 年之久；白居易曾与翰林学士钱徽一同学习《金刚三昧经》，四度至长安兴善寺问道于大彻禅师，转向南宗禅的参究。与白居易往来的僧徒极多，其中确切可考者有智常、惟宽、神凑、寂然、宗密、神照、如满等百人以上。

李唐王朝政变不断，这一切跟他一个老人又有什么关系呢？还好，政局的变迁没有给他带来什么危险，新上任的武宗皇帝念白居易是著名诗人，又曾有过相当好的政绩，就下诏授他刑部尚书的虚衔，俸禄给半，算是给了他一个优厚的待遇。

初冬，白居易不慎得了风痹之疾，病得不轻，不得不考虑将家里的一些余物处理掉。白居易决定卖马、放妓，他不希望他们跟着自己吃苦。但是他心爱的马居然反顾而鸣，不忍离去。他让伴随自己十年的舞姬樊素回家，樊素感伤落泪，抽泣呜咽，白居易赠诗给她：“明日放归归去后，世间应不要春风。”

白居易花 3 万两俸银请画师根据《阿弥陀经》《无量寿经》的经文绘制西方极乐世界图及弥勒像、西方三圣像，日日焚香顶礼，十分虔诚。

唐武宗会昌六年（公元 846 年）八月，74 岁的白居易带着满目的沧桑辛劳，同时也带着心灵的悠闲淡泊，迈向了他梦寐以求的西方极乐净土世界。

白居易被葬在洛阳龙门的香山。湘灵姑娘赠予他的那双鞋也葬在墓中。

柳宗元和刘禹锡：带着年迈的母亲上路

一

柳宗元和刘禹锡，曾经共同在唐德宗贞元九年（公元 793 年）的春天，在长安科举应试中同榜考中进士，而二人也算是他乡遇故知。那一年，刘禹锡 21 岁，柳宗元 20 岁。唐顺宗永贞元年（公元 805 年），王叔文、王伾掌权，革新朝政，任用一批文人出身的政治家。这次革新维持了 146 天，最后以失败而告终。王伾、王叔文被杀，这些身为文人政治家的“八司马”全部遭贬。“八司马”当中，有两个就是柳宗元和刘禹锡。

柳宗元本为朝廷重臣，顷刻间如同羁囚，幽囚恶地，志向远大却被强行剥夺。生命有如一叶孤舟，一苇断蓬，被强行驱逐到一个令人惶惑的炎瘴之地。永州之贬，一贬就是十年。和柳宗元同去永州的，有他 67 岁的老母。柳宗元的母亲卢氏，出身于著名的士族范阳卢姓，但家道早已没落。柳宗元少时，他的父亲携家小落到南方。在南方，一度生计艰难薪米无着。柳宗元的母亲为了供养子女，常常自己忍饥挨饿。

功名的朝不保夕和仕途的祸福难测让这个母亲没有享受多少人生苦尽甘来的宽慰。永州地处湖广交界，当时甚为荒僻，人烟稀少。被贬永州后，由于生活条件恶劣，到永州未及半载，老母卢氏便离开了人世。这对柳宗元的打击是巨大的，母亲一生操劳将自己养大，自己没能让她享上一天的福，却受自己的连累客死异乡。柳宗元在萧瑟的永州仰天长叹，可是他又能如何呢？

在儒者的心中，母亲是神圣至上的，可是道与良知也是神圣至上的呀。按照儒家的义理精神和家国理想，这明明是一个可以兼顾的取舍，但中国的社会历史总是把一个原本可以兼顾的取舍变成了不可兼得的取舍，并残酷地将之摆放在知识分子面前，让他们用别无选择的方式进行选择。于是，自小深得母亲教诲的中国儒家文人选择了道义，母亲的目光悲悯却又坚韧，是深明事理的博大情怀。他们在那种目光的赞许与激励下，一次次带着羸弱的母亲上路了，纵使风雨交加，天寒地冻，也不管山穷水尽，前路漫漫。年迈的母亲们也一道谪居到穷山僻野之地，陪着儿子去“独钓寒江雪”，陪着他们忍受“巴山楚水凄凉地，二十三年弃置身”的被放逐的命运。

柳宗元想把亏欠自己母亲的儒者之孝义补偿给另一位母亲，他的朋友刘禹锡的母亲。元和十年（公元815年）正月，柳宗元与刘禹锡等被召回京。一些大官僚对重新召回柳宗元和刘禹锡极为不满，千方百计进行毁谤。朝中众臣借刘的诗作《戏赠看花诸君子》为理由诋毁刘禹锡，重新燃起皇帝对革新派的不满。本来，刘柳二人经过十年漫长的贬谪生涯之后终于看到了光明和希望，可这光明却像倏然即逝的闪电，转眼之间便消失得无影无踪。柳宗元改贬为柳州刺史，刘禹锡为播州刺史。柳宗元想到播州比柳州还要艰苦，刘禹锡还有80多岁的老母随身奉养，便几次上书给朝廷，要求与刘禹锡互换。他在给刘禹锡的信中动情地说，柳州虽荒野，但毕竟比不上播州僻远啊，请梦得弟也让为兄帮你尽一点孝心吧。幸好后来朝廷中有人为刘禹锡说情，才又改贬到连州做刺史。

刘禹锡带上了年迈多病的母亲和年幼的儿子，又一次上路了。还是被贬谪的路，还是中国传统知识分子宿命的路。

刘柳第二次被贬，在赴任途中，他们结伴同行，互诉衷肠互相抚慰。行进到衡阳时，刘禹锡必须由水路改为陆路，柳宗元则沿水路继续前行。两位饱经忧患的老友就要天各一方了，彼此凝望着渐渐染满霜花的两鬓，无声的目光里满是依依惜别的心情。衡阳挥泪分手，柳宗元强颜欢笑地拍拍刘禹锡的肩膀，“今朝不用临河别，垂泪千行便濯缨”。

他们通过回环往复的寄赠和应和之形式，传达出凝重的离愁与别意。在这次贬谪途中，柳宗元共有三次唱诗，刘禹锡则有相应的三次和诗。柳宗元写《重别梦得》：“二十年来万事同，今朝歧路忽西东。皇恩若许归田去，晚岁当为邻舍翁。”刘禹锡在《再授连州至衡阳酬柳柳州赠别》写道：“去国十年同赴召，渡湘千里又分歧。重临事异黄丞相，三黜名惭柳士师。归目并随回雁尽，愁肠正遇断猿时。桂江东过连山下，相望长吟有所思。”柳诗写得比较沉痛，而刘诗则写得更沉毅。总体上，从两位诗人“相望长吟有所思”的伫立凝望和长吟所思的镇定身影里，清楚地看到了他们击退痛楚之后的坚强。

柳宗元一直想辞官归田，理想晚年能同刘禹锡为邻相伴，朝夕相守。刘禹锡却半开玩笑地说，假若我们晚年一起耕田为田舍翁，那时我们两鬓斑白，面面相觑，不是万事皆休了吗？一个想得美好，一个答得风趣，从另一个侧面寄托了二人的惜别长情。

二

他们的正直在庙堂上得不到立足，他们的政见在朝廷里得不到重视。他们被抛弃到蛮荒野地，任其自生自灭。这群人将他们顽强而健全的生命力，从政治领域转向了文学领域。连州如画的山水、古朴的民风使刘禹锡的心情稍稍得到安慰，海阳湖和吏隐亭就成了出身于儒学世家的刘禹锡排解去国怀乡之情的去处。这里，秀竹茂林间峻崖嶙峋，登高而望，数百亩海阳湖一平如镜。湖中翠荷盈盈，渔舟荡漾。他由衷赞叹“天下山水，非无美好”，对连州倾注了无限情深。

而在柳州，柳宗元刺史的内心已然没有了议论，剩下的了只是苍茫一片的感怀。那些曾经擅长的论、辨、骚、赋、说、对之类的散文文体，忽然在他笔下绝迹了。人生的磨难已把他推到了真正无话可说的境地。在柳州，柳宗元只写了一些祭文墓铭、几篇记、几封书和一篇《童区寄传》等，此外就是作了 30 多首大多很有质量的诗。长期的贬谪生涯，持久的困顿，使柳宗元未老先衰。尽管读佛书，游山水，力除刚燥之气，刻意追求恭宽谦退甚至脱胎换骨，在这种对自身人格再设计的背后，深隐着连柳宗元本人都未必明确察知的自我压抑的痛苦，凝聚着因专制政治和混浊世风打磨而导致的心理冲突。柳宗元忧愤地离开了人间，当时年仅 47 岁。临死前，柳宗元几次写信，请刘禹锡代为照管自己的子女，并将一生的全部文稿托付给他。弥留之际，柳宗元的口中还断断续续地呼唤“吾友梦得”。

柳宗元在柳州去世时，刘禹锡正护送母亲的灵柩途经衡阳，当得知这一噩耗时，他“惊号大叫，如得狂病。良久问故，百哀攻中。涕泪并落，魂魄震越”。看到上次两人以诗唱和的分别之地却已物是而人非，他睹物思情，情难自已，于是长歌当哭，以志哀思：“忆昨于故人，湘江岸头别。我马映林嘶，君帆转山灭。马嘶遁故道，帆灭如流电。千里江篱春，故人今不见。”在以后的岁月里，刘禹锡忍受着“终我此生，无相见矣……知悲无益，乃恨无已”的悲痛之情，写下了《祭柳员外文》《重祭柳员外文》等一系列的纪念性文章和诗歌，借以悼念对故友的哀思。后来刘禹锡没有辜负老友的托付，用半生的心血编撰成一部《柳宗元集》。

思索一下中国古代不计其数的被贬的司马和刺史的名字，个个都历历在目，占据着最显眼的位置。屈原、贾谊、陈子昂、张九龄、刘长卿、韩愈、元稹、柳宗元、白居易、刘禹锡、苏轼、欧阳修、范仲淹、黄庭坚、张养浩……他们并非全都遭遇乱世，大多数供职于盛世的朝廷。儒家义理的动人魅力是道德和理想，是修身和人格锻造，齐家治国平天下是作为中国士人的价值主体而存在的，作为知识分子的责任冲动而存在的，一旦进入政治社会的方法论层面，危机和灾难就接踵而至了，柳宗元和刘禹锡式的悲剧也就不可避免了。如果儒者为了保全正直的人生，就注定要永远行走在被贬谪的风雨泥泞的路途上，并且还要让年迈的白发母亲受累，那么，这不是对中国儒家道义的最尖锐的反讽吗？

杜牧：豆蔻年华

一

杜牧的梦分两半，一半献给了家国，另一半留给了青楼。政治失意、仕宦无望时，他就把精力转向青楼，从官场走向欢场。家国梦属于集体，个人不可控；青楼梦属于个体，自己完全游刃有余。尤其像杜牧这样面容俊朗、身形标致、文采优美、情感细腻的男人，轻而易举就能在青楼里找到感觉，赢得芳心，尽管他曾非常谦虚、非常低调地自称薄情、薄幸。连宋代的姜夔都忍不住称赞这位"俊赏"的杜郎"豆蔻词工，青楼梦好"。

杜牧是唐代宰相杜佑之孙。杜佑不仅高居宰相之位，还是一位博古通今的学者，这给了杜牧深厚的家学。然而从10岁起，随着祖父和父亲的相继去世，杜家无可挽回地急剧衰落。从贵族到寒庶的巨大反差，带给杜家孤儿寡母无穷的磨难。早年困顿惨痛的生活变故，与杜牧的慷慨大志、豪迈品格反差巨大，深深衬示出人生的严峻，这不仅给心高气傲的杜牧以强烈的人生挫折感，同时也化成了他力学求仕、重振家门的强大动力。他读书为文日夜不倦，在励精积学、潜心钻研的同时，杜牧远比那些同时期的唐代士子更加心系动乱迭起的不安时局。生逢暴乱横起、戎狄侵袭的多事之秋，朝野上下苟且偷安、麻木不仁，杜牧感时伤世，激愤难平，他立志要成为“圣贤才能多闻博识之士”，实现“仕宦至公相，致君作尧汤”的儒家宏愿。他追求一种情致高远的诗风，他的文章多关心时政，致力于政治教化和国计民生。

杜牧的咏史之作脍炙人口，令人叫绝，又令人称奇。他的咏史诗充满着幽默与调侃，饱含借古鉴今之意，对于很多常见的观点，他都摆出一副绝不苟同的架势。比如众人都认为周瑜英俊潇洒、智谋过人，他却在《赤壁》中说“东风不与周郎便，铜雀春深锁二乔”，讥讽周瑜不过是一个幸运儿而已。当年刘邦一心想把皇位传给戚夫人的儿子赵王如意，吕后听从张良的计策，请出秦朝四位著名的博士“商山四皓”，镇住了汉高祖，稳定了汉室。杜牧却说“南军不袒左边袖，四皓安刘是灭刘”，认为对汉室稳定做出巨大贡献的不是这四个白胡须的老头，而是英姿勃发的周勃。项羽自觉无颜见江东父老而自刎，世人皆认为他不失豪杰之气，杜牧却赋诗：“胜败兵家事不期，包羞忍耻是男儿。江东子弟多才俊，卷土重来未可知。”认为好男儿就应忍辱负重、不屈不挠。

这些咏史之作，是杜牧在岁华变迁、昔盛今衰中抒发的悲伤情绪。杜牧伤今怀古的作品中流露出浓郁的伤悼情绪，这正是他精神面貌的反映。基于对唐王朝衰落的认识，他带着一种对于过去繁荣昌盛的眷恋，喟叹中兴已成一梦，又面对凄凉黯淡，体认到兴衰成败、悲欢离合都是无法抗拒的现实。杜牧的咏史诗冷静、辛辣、活泼而一针见血，他的议论超越了传统的以讽喻为目的的道德定性与伦理评价，而以思辨的方式对历史事件进行态势分析，具有兵家战略眼光和纵横家的意气，立论颖异，表达俊快，于晚唐独树一帜。

晚唐兵连祸结，杜牧认为士大夫治国首先要治兵，他曾注解过《孙子》13篇，经常写文章批评朝廷用兵之失。只可惜他虽有相才，但无相器，又生不逢时。在江河日下的晚唐，藩镇割据、宦官专权、朋党之争使唐代社会走向了迟暮。他的政治理想和才能，只能湮没于茫茫人海之中。虽然那些表达政治见解的策论咨文未能引起人们的注意，但杜牧的文学才华很快就受到社会关注。他早年所写的《阿房宫赋》，不仅让他一举成名，也为他赢得了后世声名。

唐文宗大和元年（公元827年），杜牧有感于讨伐横海节度使李全略之子李同捷一事，将厚积的忧国忧民感情爆发于笔端，写下了流传千古的力作《感怀诗》。他在诗中追述自唐代以来的历代贤明帝王，慷慨陈论安史之乱后70年间的国势，最后剖心明志，自比贾谊，表示愿以才华事君，平藩乱，定太平。

二

书生的家国梦是迷人的，“平生五色线，愿补舜衣裳”是多么动听的心愿，却又是多么一厢情愿。他本以为可以一展宏图，雄心勃勃地用他的“五色线”去补缀“舜衣裳”，而实际上这不过是他的想当然而已。由于他才华非凡，浑身散发着挡也挡不住的光华和能量，几乎是被“内定”为进士，制策登科，但在长安做官只有半年，他就开始了十多年为幕府吏的生活。

自大和二年（公元 828 年）十月，即进士及第八个月后，杜牧就随唐代书法名家沈传师到江西幕中，然后转宣州、扬州，还一度回长安、洛阳为御史，后来又重返扬州，再重返宣州幕府，共经历了 12 年。这 12 年中，他漂泊江湖，很不得志，但他游赏溪山，流连诗酒，也有耐人追寻之处。此间他基本上在各藩镇使府中充当幕僚，有名气、有才气，环境宽松，也有条件展示他的风流倜傥。他是一个很阳光的青年，心胸开阔，气度俊爽，所以总能写下很阳光的诗行："潇洒江湖十过秋，酒杯无日不淹留；谢公城畔溪惊梦，苏小门前柳拂头；千里云山何处好？几人襟韵一生休；尘冠挂却知闲事，终拟蹉跎访旧游。"开成四年（公元 839 年）的春天，杜牧告别宣城赴官上京，途中正巧又遇见从舒州回宣城的好友裴坦。杜牧是个重情义的人，和故人的再次邂逅，又要匆匆离别，回首自己十年两度在宣城的幕府生涯，感慨唏嘘，写下了这首《自宣城赴官上京》，赠好友裴坦。

"远上寒山石径斜，白云生处有人家。停车坐爱枫林晚，霜叶红于二月花。"他的《山行》，以枫林为主景，绘出了一幅色彩浓烈、明丽的山林秋色图。

"清明时节雨纷纷，路上行人欲断魂。借问酒家何处有，牧童遥指杏花村。"江南的杏花春雨中，清明时节，茅屋酒帘，几户人家，一位牧童，构造出《清明》一诗最为明快的意境，清明的缠绵气氛使诗里充满着失意、愁绪和低迷，但用"杏花"收尾，光景突然转亮，表达了杜牧对政治春天的憧憬和期待。"遥指"二字是传神的，点明那个理想的、缥缈的"杏花村"，原本只在杜牧心中。

杜牧留下的这两首绝句，前者是秋山图，后者是水墨画，宛若童谣一般，生长并融化在每一个以汉语为母语的人的心田里，有挥之不去的美丽。

不管得意失意、顺境逆境，自诩为樊川居士的杜牧永远是一副俊朗飘逸的姿态，举止优雅如鹤舞长空，经常穿着宽松潇洒的大氅，任风儿吹拂，举杯踏歌，顾盼生姿，人如其诗。一世人生有炎凉，晨也担当暮也担当；丈夫遇事如山冈，毁也端庄誉也端庄。这是杜郎的大美之仪态，无人堪比。另一方面，杜牧性情耿介，个性张扬，自称褊狷，不屑逢迎权贵，不肯随时俯仰，不肯经营财利。他一生仕宦是不很得意，经济上也一直不富裕。但是女子们都喜欢他，情不自禁地爱慕、拥戴他，心悦诚服地投怀送抱，在官场失意的杜牧在风月场中成功了。

在江西洪州时，杜牧经常往沈传师家中跑，听歌赏舞，蹭饭蹭酒，这时他结识了湖州名妓张好好。当时的杜牧尚未成家，风流倜傥，而才艺双绝的张好好，像一只羽毛刚刚丰满的娇燕，又像一朵含苞欲放的睡莲，美貌聪慧，琴棋书画皆通。杜牧对她情有独钟，可惜沈传师对她有意在先，不宜夺朋友之爱，杜牧空有羡鱼之情。

数年后，杜牧到洛阳任职，与张好好不期而遇。此时张好好已经沦落为他乡之客，被薄情的丈夫遗弃而在洛阳城东的一家酒店当垆卖酒。杜牧感慨万分，写下一首五言长篇《张好好诗》。此作不仅文笔清秀，而且书法飘逸，为杜牧赢得了书法家的美名。

也许是世交的缘故，在沈传师幕中，杜牧在私生活上还比较收敛，注意维护自己的形象，不过一旦离开辖地，他就会做出一些令人瞠目的举动来。

三

他最为放浪形骸的日子是在扬州任淮南节度使牛僧孺的掌书记时。上任那年，杜牧 30 岁，政治上壮志难酬，无所作为，终日郁闷。他寄情酒色，用多情的笑意，用狡黠的情话，用强悍的身体，用鱼水般的欢情，把扬州城的风月场所逛遍。时间久了，妓女们都认识他了，嗔怪他这人心太花，抱怨这爷过于任性、过于风流，杜牧就大言不惭地说："我风流，但不下流。"在唐代，扬州城的繁华可谓天下第一，除了商业之盛和风景之美，扬州还是全国著名的烟花之地，一条条花街纵横其间，血气方刚的年轻男人无法抗拒这里的繁华夜市、灯红酒绿。这座城市激发起杜牧的狂野性情，激发起他好风喜月的秉性，他常常在花街柳巷游走，而且夜夜不归，猎艳一样寻找那些如水的温柔女子或者如火的野性妇人，徜徉在那无尽的香艳的欢爱激流里。

白天在官府衙门正襟危坐，晚上在青楼妓院欲罢不能。年少轻狂的杜牧自以为聪明过人、无人知道，却全然不知，这一切鬼鬼祟祟的小动作都被人监视并记录在册。大和九年（公元 835 年），杜牧调任回京，升任监察御史。离开扬州前夕，牛僧孺为他饯行，叮嘱他以后要注意个人形象，不能"风情不节"。但杜牧装作听不懂，一脸无辜相，说"我这个人还是很本分、很正经的"，引得牛僧孺当场大笑不止。他让人取出一只书箧来，里面有关于杜牧在扬州期间的密报近千篇之多。原来，杜牧每晚夜不归宿，牛僧孺不放心，担心花海丛中杜牧的人身安全，每天都特派兵卒跟踪其后，暗中保护他，并记录下杜牧每一次光顾青楼的时间和地点。证据面前，杜牧又愧又羞，脸涨得通红，同时也感念长者的无限关怀。牛僧孺此举的本意是出于对下级的爱惜，他对杜牧的违纪行为守口如瓶，杜牧从此对牛僧孺感激不尽。

离开扬州时，杜牧写了两首深情款款的诗留给自己眷念的烟花女子。其一为："娉娉袅袅十三余，豆蔻梢头二月初。春风十里扬州路，卷上珠帘总不如。"另一首为："多情却似总无情，唯觉樽前笑不成。蜡烛有心还惜别，替人垂泪到天明。"百年千年来，扬州永远留住了杜公子的风雅与缠绵。

后来，他又写了《遣怀》诗回顾这段美好而艳情的时光："落魄江湖载酒行，楚腰纤细掌中轻。十年一觉扬州梦，赢得青楼薄幸名。"诗中一副痛心疾首、追悔莫及的姿态，似乎一别扬州，他就要洗心革面、重新做人了。但反思之后又忍不住炫耀与向往，从《寄扬州韩绰判官》一诗也可看出他对扬州生活的无限眷念："青山隐隐水迢迢，秋尽江南草未凋。二十四桥明月夜，玉人何处教吹箫。"即便是深秋的扬州，也是风光正艳，哪有半点草木凋零之感？在这柔情似水、佳期如梦的秋夜，杜牧想到了远在风月繁华之地的扬州故人，一些昨日同游的美好往事不禁浮上心头。江南一带清新的自然环境、浪漫的审美传统，以及城市经济的繁荣使杜牧宣泄出多愁善感、俊逸洒脱、放纵浮薄的性情气质。

四

唐文宗大和九年（公元 835 年），杜牧回到京都，当上了监察御史，也就是专管廉政和纪检的干部。由于杜牧分管东都洛阳的事务，所以一直在洛阳办公。当时朝中大官李愿正罢官闲居洛阳，此人也是一位沉湎酒色之徒，他在洛阳以“声伎豪华为当时第一”而享得大名，此外他还喜欢举办“派对”广邀名流。一次他在家中大宴宾客，独独不邀杜牧，或许是出于对这位纪检官员的害怕，怕他给朝中打小报告。然而杜牧却不请自到，正如他在诗中所说：“谁唤分司御史来。”没人唤，他自己就来了。

在酒席上，杜牧一边喝酒，一边瞪大双眼看觑周围100多名妓女。酒酣耳热之际，杜牧问李愿：“听说有一位姑娘叫紫云，她在吗？”李愿只好指给他看。杜牧看后坦言道：“果然名不虚传，是否可以送给我呢？”李愿笑而不答，紫云也不表态，众妓女看着杜牧大笑。杜牧气定神闲地又饮下三大杯酒，然后起身作了一首诗。李愿当场就将这名叫紫云的妓女送给了杜牧。杜牧因在酒席上即兴吟诗而艺惊满座，后来又得红粉回家，内心当是十分欢喜。由于人间有这风流旖旎的杜官郎，才有了一首才气冲天的《兵部尚书席上作》：“华堂今日绮筵开，谁唤分司御史来。忽发狂言惊满座，两行红粉一时回。”

确实如自我标榜的那样，杜牧风流但不下流，除了出于宣泄性情、释放紧张情绪、附庸风雅而出入青楼酒馆、勾栏瓦肆之外，他对个人的感情生活还是相当严肃的，他很重情，并非自谦的那样薄情负心。杜牧在宣州幕下任书记时，听说湖州景色秀美，且多丽人，便到湖州游玩。当时湖州刺史崔君素知杜牧诗名，便盛情款待。他把全湖州登记在册的名妓都召集过来，供杜牧挑选，又专门为他举行一次赛船水戏，引得全城仕女都出来观看，但杜牧却一个都没有相中。忽然，杜牧看到一个老妪带来的十几岁的女孩子，只相见了片刻，那女子人间罕见的妩媚就犹如雷电般击中了他，杜牧认为这女孩将来必定成为绝代佳人。杜牧确实想过要娶这位国色天香的绝色女子，并立誓等她，聘以重礼，女孩的母亲答应 10 年后将女儿嫁给他。可是，13 年后，当杜牧千方百计调任为湖州刺史，再来寻找那女孩时，却物是人非，一切都已改变，女子早已嫁人并成为两个孩子的母亲。事后杜牧作《七绝·叹花》，诗曰："自恨寻芳到已迟，往年曾见未开时。如今风摆花狼藉，绿叶成荫子满枝。"在这则传说中，当时杜牧尚未娶亲这一点恐怕未必是真，但他与那位湖州女子相约迎以为妾，或许更为可信。但是无论如何，杜牧虽风流却不薄幸大约还是事实。

大和九年（公元 835 年），33 岁的杜牧回到长安时，大唐国势渐衰，藩镇割据，长安城里死气沉沉。杜牧不死心，有心为国家做点儿事，于是积极上书，针砭时弊。可皇帝听不到他的呼声，皇帝和要官只顾着醉生梦死，将国家兴亡置之一旁，一副"商女不知亡国恨，隔江犹唱后庭花"的无所谓态度。杜牧忧心满腹，当年玄宗皇帝沉迷于杨贵妃的美色与情爱，引发安史之乱，差点导致国家覆亡，难道统治者还不吸取教训，还想重蹈覆辙吗？"长安回望绣成堆，山顶千门次第开。一骑红尘妃子笑，无人知是荔枝来。"杜牧写了这首《过华清宫绝句》，希望以此警醒朝廷，但根本无人搭理他。热脸贴上冷屁股，多情反被无情恼，杜牧觉得实在无趣，他就借口身体有恙，以监察御史的身份长驻东都洛阳办公。没想到这次消极怠工却使他逃过一劫，也避过了一场政治风波。这年十一月，发生了"甘露之变"，文宗皇帝与大臣郑注合谋诛杀宦官失败，引起宦官们的疯狂反扑，大量无辜官员被乱刀砍死。

不久，杜牧的弟弟患上眼疾，寄居在扬州禅智寺。杜牧请长假前去探望与照顾，在禅智寺住了很长时间，还写了一首《题扬州禅智寺》：“雨过一蝉噪，飘萧松桂秋。青苔满阶砌，白鸟故迟留。暮霭生深树，斜阳下小楼。谁知竹西路，歌吹是扬州。”此时，他再次来到扬州，心中五味杂陈，百感交集，颇有些“冠盖满京华，斯人独憔悴”的味道。在繁华喧闹的市井扬州也能滋生出这样的寂寞之感，可见他确实是落寞之至。

也许是对京都的生活大失所望，也许是想离开那个风暴中心，也许生病的弟弟确实需要他全力照顾，杜牧趁机留在了江南。杜牧此时还年轻，况且35岁的他还担负着养家糊口的重任，所以他就近出仕，带着生病的弟弟到宣州任团练判官。

五

在中国的传统文化中，江南是一个象征柔性的符号，是一个代表价值理性的地界，它滋养、修复、保全着汉民族的肉身和灵魂。每当华夏民族在政治上受到重创时，总是选择偏安江南的水土；每当知识分子遭遇痛苦和不公时，首选的退隐之地也总是柔弱而丰饶的江南。

江南，是杜牧一生的春梦。当长安容不下他的抱负并一次次伤害他的善意时，江南成为他疗伤的港湾。江南在杜牧的心里，总是莺歌燕舞般的明快、杏花春雨般的温暖。和江南的每一次吻别，都是浓得融化不掉的甜蜜，都是无以言表的忧伤。他深爱着江南。

途经金陵，游览秦淮河时，突然秦淮岸边传来了歌声，音质甜美，如同风铃一般，可演唱者竟是一位白发满头、衣衫褴褛的老太婆。杜牧恍然觉得，她的表演似曾相识。于是，杜牧心中开始搜索童年的记忆。杜牧的爷爷杜佑是宰相，杜牧在5岁的时候，随爷爷进皇宫游玩，看见一位宫女正在鲜红的地毯上表演。那宫女妩媚动人，能歌善舞，在杜牧幼小的心灵里留下了难以磨灭的印象。当年那位宫女名叫杜秋娘，是皇上的宠姬。当年的她莫非就是眼前这又老又穷的老太婆？

等人群散去，杜牧给了老太婆二两银子，问："老人家尊姓大名？"老太婆回答："杜秋娘。"杜牧问："曾是先皇的宠姬吗？"老太婆点头称是。杜牧顿时目瞪口呆，心灵受到极大的震动，对她的落难十分同情，又联想到自己的困境，写了一首为他博得盛名的长诗《杜秋娘》。这首诗脍炙人口，当时传唱大江南北，杜牧在诗中发出了"女子固不定，士林亦难期"的深沉慨叹。

人生短暂，聚合无常，总令人伤感。杜牧作于开成元年（公元836年）的《洛中送冀处士东游》，更是把这种人生的虚无感扩展到整个人类历史中："我感有泪下，君唱高歌酬。嵩山高千尺，洛水流千秋。往事不可问，天地空悠悠。四百年炎汉，三十代宗周。二三里遗堵，八九所高丘。人生一世内，何必多悲愁。"

在宣州任职不到两年，开成四年（公元839年），杜牧又重新回到京城，不久迁为膳部员外郎。因为杜牧与牛僧孺走得太近，并且为人"刚直有奇节"，所以当政的"李党"首领李德裕并不喜欢他。此外，杜牧与牛僧孺的私交很好，李德裕可能认为杜牧是"牛党"，因而不愿重用他。

唐武宗会昌二年（公元842年）春，杜牧被外放为黄州刺史，然后又迁池州与睦州，做了七年的地方官，这也就是他所自嘲的“三守僻左，七换星霜”的经历。会昌六年（公元846年），武宗崩，宣宗即位，政局又变动了，李德裕被罢相并且治罪，“李党”倒台。在牛僧孺、李宗闵、杨嗣复等“牛党”要员均被重新起用时，杜牧并没有得以升迁，这也足以证明连“牛党”也认为杜牧不可靠，非“德裕所薄者”。原因在于前几年，在牛、李党争剧烈的时候，杜牧虽受牛僧孺知遇之恩，但是他并不同意牛僧孺姑息藩镇的政策。他虽然受到李德裕的排挤，但是李德裕在会昌年间任宰相时，讨伐泽潞之叛，抵抗回鹘侵略，这些政见和杜牧高度一致，所以他上书李德裕，陈述作战策略，李德裕采纳他的意见，并获得胜利。在边防、藩镇、禁佛等政治主张上，杜牧力挺李德裕，可见杜牧心地磊落，忠于本心，秉公说话，超然于党派利益之外，决不以私废公。而这正是让“牛党”非常不高兴的。

这时，杜牧正任池州刺史。池州是佛教名山九华山的所在地。在一场事关国家命运的禁佛斗争中，杜牧旗帜鲜明地站在朝廷的立场上。晚唐时期，广开寺庙、僧尼泛滥使得国家经济不堪重负。正是因为世人出于世俗功利目的而佞佛，才造成了佛寺遍地、佛教徒过多、寺院经济恶性膨胀的状况，所以会昌五年（公元845年）的灭佛才会发生，这也是杜牧赞同灭佛的根本原因。在唐武宗禁佛前，杜牧曾经批评佛教走入了歧途，认为佛教不再是圣洁的信仰，而变为另一些利益集团敛财牟利的幌子，以出家人和信佛的面目贪聚钱财、扩张权势，比世俗之人的巧取豪夺更加可恶。杜牧指出，当时的佛教并没有实现教人向善的目的。很多信佛之人，在日常生活中作奸犯科，明知自己有罪，便向寺院捐钱，而寺院也积极配合此类人的心态，大肆搜刮钱财，结果造成“买福卖罪”成风。阅读杜牧的《江南春》：“千里莺啼绿映红，水村山郭酒旗风。南朝四百八十寺，多少楼台烟雨中”，结合几年前他的《题扬州禅智寺》一诗，可见杜牧对于佛教的心态其实是复杂的，作为心灵信仰和灵魂救赎的佛教，和作为世俗化组织干预势力的佛教，在杜牧心中完全是两回事。后一种佛教，已经导致佛教变味，导致佛教恶化。

不过，在池州，杜牧初来乍到，少不了官场和文场上的应酬，并没有精力和时间去及时落实武宗皇帝禁佛的政策。等他应酬得差不多了，辖区内却发生了罕见的旱灾和饥荒，他又不得不忙于应付灾情。接着，武宗就一命呜呼了，他的禁佛政策被后继者中止了。所以，九华山佛教寺庙没有在“会昌法难”中毁灭，也许因为杜牧的精力被其他公务活动牵扯，也许他就是睁一只眼闭一只眼，但对于九华山这样一个特殊的佛教圣地来说，杜牧客观上保护了这里的佛教遗产，让九华山永远铭记他的好。

九月，杜牧由池州移任更加荒僻的睦州，一路上历经艰难。作于迁徙途中的《新定途中》诗可见杜牧当时心情：“无端偶效张文纪，下杜乡园别五秋。重过江南更千里，万山深处一孤舟。”杜牧一生，得意一时，沉沦半世。尽管他颇具经邦济世之才，忧国忧民，为施展抱负苦苦追寻，但在文、武、宣三朝特定的历史环境中，一直未遇风云际会的良机。在晚唐政治舞台上，他始终不能如愿成为张良或诸葛亮，却被无情的命运逼迫重演着贾谊的悲剧。巨大的身份和角色落差，使他激愤不平，强烈的伤痛感伴随其一生。

六

唐宣宗大中二年（公元 848 年）的八月，由于宰相周墀的帮助，杜牧内迁为司勋员外郎、史馆修撰。九月赴京时，重新入朝的杜牧满怀着希望，以为可以大展宏愿了。在《上周相公启》中，他对周墀感激涕零：这些年过得太不顺了、太憋屈了，所以他对“牛党”过度地感恩戴德。由于狭隘的报恩心理，加之多年仕途蹭蹬的愤怨，偏激的情感掩盖了他冷静客观的理智，为了迎合“牛党”对李德裕的攻击，杜牧竟然不惜歪曲事实，虚构杜撰，对牛僧孺等人溢美颂扬，对“李党”恶意诋毁。可以看出，杜牧攻讦、诋毁李德裕的诗文是不留情面的。

所幸的是，杜牧并没有与“牛党”的白敏中、令狐绹之流沆瀣一气，光明磊落仍是其人格的主流。在杜牧的性格中，占主导地位的永远是“刚直奇节”，在他目睹宣宗君臣的腐败政治后，他不是苟从，而是自请外放。满怀抱负的杜牧再度入朝后，看到的却是君臣不思勤政，一味粉饰太平，不遗余力排挤异党，这样糟糕的局面被《长安杂题长句六首》铺陈殆尽。在诗中，杜牧以扬雄、颜回、邴曼容等贤士自比，抒发自己不附流俗之志。

从元和到大中的四十年间，皇帝的废立几乎完全掌握在宦官的手中，官吏的调动也十分频繁，战乱连年，党争不断。但是，不管时代如何黯然失色，朝政如何混乱无序，杜牧对皇帝的幻想始终存在。他晚年游乐游原作了首绝句：“清时有味是无能，闲爱孤云静爱僧。欲把一麾江海去，乐游原上望昭陵。”在不满于当朝之时，仍不忘表达对唐太宗的崇敬之情。

尽管他有所失望，但始终用希望说服自己，这就决定了他诗歌的基调最终不至于流连忘返于消极情绪中。在杜牧的文集中，他的诗大多感慨时事、纵横精奥、英姿飒爽，为晚唐黯淡的风景留下了一抹红晕，杜牧之所以成为晚唐翘楚也正在于此。

《金华子》中载，杜牧曾经做过一个梦，梦里有神仙言之凿凿地说，他最后的官位就是紫微郎。紫微郎是唐代中书舍人的别称，后来杜牧当上中书舍人后，果然重病缠身。

唐大中七年（公元853年），杜牧病情恶化，他心知大限将至，便自撰墓志铭，但这篇短文却写得平实无奇，丝毫不像文豪手笔。也就是在他离世之前，他清点自己一生所写的诗文，足有1000多篇，他挑拣一番后，只留下了200多篇存世，其他的全部付之一炬。幸亏他的外甥裴延翰平时收藏了200余篇，才使他的传世之作达到450篇。

杜牧为什么要焚烧诗稿呢？一种可能是因为有人指责他的生活作风淫靡、谴责他的诗作轻浮浪薄，这是作为儒家知识分子的杜牧断然不愿意接受的不良名节。另一种可能是，杜牧对自己风流纵情的一生其实是充满悔恨的，毕竟这不是他想成为的样子，不是他想得到的结果，所以有意识地毁掉了大量诗篇。在外人看来，杜牧一生俊朗豪健、风流倜傥，却不知，在他夜夜笙歌、把酒尽兴的背后，却是生不逢时、抱负难舒的悲凉。

李商隐：蝴蝶飞不过沧海

一

政治伤神，爱情伤心，李商隐为此纠结了一生，百转千回，把郁积心底的情思写成一串恢宏的谜语。不管是政治的情，还是男女的情，或是其他形形色色的情，情这东西，到最后，终究是满地碎片，一片狼藉。既然这样，就把它们统统变成谜吧，写进诗里，让你们猜。猜一千年，猜一万年，还是猜不出谜底。而那些谜本身则已化作混沌，化为沧海蝴蝶，化为蓝田日暖，化为捉摸不定、稠密无边的意象。

李商隐自幼随父亲来到江南，在“花落一川烟雨”的好风景中度过人之初始的岁月。可是，刚到读书年纪，他家里就遭了难，大约 9 岁时，父亲去世。想象一下，在唐穆宗长庆元年（公元 821 年），一个小小少年，打着白幡，冒着风霜雨雪，从南到北，行过千山万水，把父亲的灵柩从江南引回故乡郑州。这是多么悲凉而艰辛的行程啊！

为父守孝三年，当他脱下麻衣时，才是一个 12 岁的孩子，身为长子，他必须担负支撑门户的重任。天下之大没有可容他的地方，九族之中没有可以倚靠的亲人，在没有父爱笼罩的环境里，李商隐逐渐成长为一个隐忍的青年。山涧溪水流淌，倒映着月光的小溪如同一条环绕的玉带，于是他给自己封号为“玉溪”，那默默流淌的溪水恰似他的心。这便是李商隐，一个有才有貌的翩翩少年，清瘦、颀长、孤僻、忧郁、含蓄。

就在李商隐一边为人抄写文书、舂米，一边苦读的时候，他的诗文也在乡里流传开来，最终传到了河阳节度使的耳朵里，这个人就是影响李商隐一生的令狐楚。李商隐走进了令狐楚的幕府，得到了非同寻常的待遇。令狐楚对李商隐的赏识、爱护、培养，可以说真是由衷关怀、无微不至。他手把手地教李商隐写骈体文，让李商隐跟自己的三个儿子一起学习，资助他进京参加科考，甚至临终前委李商隐以代草遗表的大任，并嘱李商隐奉丧回长安，完全把李商隐当作自己的儿子看待。身为一方诸侯，以令狐楚的声望之尊、权位之隆，如此厚待、恩顾一个没有任何社会背景却富有才华的年轻人，不要说在唐代，就是在整个古代社会中也是不多见的。

自小失去父爱的李商隐心悦诚服地认了令狐楚这个干爹。“拼爹”自古就是一种成功的捷径，李商隐“拼爹”这道程序完成了。令狐楚的公子令狐绹，待李商隐如同亲弟弟。

李商隐 17 岁时入令狐楚幕府，那时令狐绹已经 35 岁。当令狐绹见到父亲极力夸赞的李商隐时，心中究竟会是怎样一种感触？令狐楚可以凭借《才论》《圣论》读出李商隐的文化底蕴和知识学养，读出这位少年的凌云之志，而令狐绹可以么？令狐楚将李商隐的文章放到儿子面前让他学习，并夸赞说写出这些篇章的少年是不世之才。阅览完毕，令狐绹既疑惑又敬佩，同时还有几分羡慕嫉妒恨。父亲将李商隐带到他面前，反复叮嘱，要他与其一起读书、同游，妥善照顾李商隐。出身士族的官宦子弟与遭遇家庭变故、佣书贩舂的艰辛少年，他们之间交往的情感基础是什么呢？人与人之间，由相识到相熟，由相熟再到相知，总该有些底色。但是，不管怎样，令狐绹竭尽全力地给李商隐提供积累人脉的机会，凡是令狐家的朋友，都是李商隐的朋友。令狐绹此时仕途畅通，已经进入了权力的核心。

还很年轻的李商隐很快尝到了甜头。唐文宗开成二年（公元 837 年），25 岁的李商隐在前三次连续名落孙山后，第四次参加大唐科考。主考官是令狐绹的铁哥们儿，他问令狐绹："你有什么亲友需要照顾的？"问了三次，令狐绹次次毫不犹豫地回答："李商隐，李商隐，李商隐。"得到令狐绹暗中助力，李商隐高中大唐进士。在科举中成功就意味着从此可以有机会进身仕途、走向通达，这是李商隐春风得意的绝妙契机。

二

就在他前途露出曙光的那一年，恩公令狐楚去世。在这节骨眼上，李商隐做了一件"坑爹"的事。在参与料理令狐楚的丧事后不久，李商隐应泾原节度使王茂元的聘请去甘肃泾州，进入了王茂元的幕中。王茂元对李商隐的才华欣赏不已，甚至将女儿嫁给了他。王茂元是"李党"的关键人物，跟令狐楚所属的"牛党"是死敌。令狐楚对李商隐恩重如山，可如今恩公尸骨未寒，李商隐就投奔“反对党”并娶了政敌的女儿，他的行为在“牛党”中自然而然地被认为是改换门庭和忘恩负义之举。于是，本已科举及第的李商隐在复审时被除名了。

这时正是“牛党”春风得意的时期，权力格局对被众人普遍视为“叛徒”的李商隐极其不利。李商隐参加了吏部招录公务员的考试，在岳父王茂元的运作下，他很幸运地过了吏部这一关，但在上报中书省时，上级官员在李商隐的名字前批示：“此人不堪任用。”这是绝无仅有的，一般吏部录取的人，中书省是不会阻挠的。直到第二年，李商隐才重新通过考试，在秘书省得到一个低级官职，却又因为处境艰难而辞职不干。显然，他进入王茂元幕府并娶王女为妻的选择，让他付出了沉重的代价。在政治上，李商隐太不成熟了，他站错了队、跟错了人。李商隐万万没有想到，这个代价竟然影响了他的一生。

晚唐的政治肌体中，与宦官专权并生的毒瘤，就是官僚集团内部的“朋党之争”。“牛李党争”长达40年，相互攻伐，旷日持久，使腐败的朝廷更加混乱，衰败的唐王朝被消耗得虚弱不堪。两大党派各自结党营私，互相排斥，钩心斗角。穆宗时期，牛僧孺为相，于是排挤李德裕，把他贬为地方节度使；武宗即位，李德裕为相，又把牛僧孺贬到地方去了；后来到宣宗时，“牛党”又得势，直接把李德裕贬死崖州。牛僧孺还朝的时候病死。唐文宗因此感慨：“去河北贼易，去朝廷朋党难。”40年党争，一片惨烈。从朝廷高层到地方小吏，不计其数的人有意无意卷入其间，为此一生大起大落乃至蒙冤至死。李商隐原本无意介入这场争斗，但命运还是将他推向残酷的党争旋涡之中。

李商隐的运气就这样一直背下去。好不容易时来运转，“李党”重新得势，宰相李德裕获得了武宗的充分信任，被授全权处理朝政。李商隐积极支持李德裕的政治主张，他踌躇满志，期待着受到重用的机会。命运却和他开了一个大大的玩笑。李商隐重入秘书省不到一年，他的母亲去世，他必须遵循大唐的伦理和法令，离职回家守孝三年。这意味着年届而立的李商隐不得不放弃跻身权力高层的最好机会。这次变故对李商隐政治前途的打击是致命的。他闲居在家的三年，是李德裕执政最辉煌的时期。等到守完母丧该出来了，可又一轮党争上演了：李党下野，牛党上台。李商隐的政治作息规律正好与两党的轮替错开，见过命运这么开玩笑的吗？李商隐错过了对他有利的时期，随着不久之后武宗的去世，李德裕政治集团再度失势，李商隐已经难以找到政治上的知音。接着祸不单行，岳父王茂元病故，李商隐的处境雪上加霜。

党人的成见，加以李商隐个性孤介，使他一直沉沦下僚。在中央混不下去，他就只好转到地方寻找出路，在各地方官员的运作机构中担任幕僚角色。从大和三年（公元 829 年）踏入仕途，到大中十二年（公元 858 年）去世，30 年中他有 20 年辗转于各处幕府。东到兖州，北到泾州，南到桂林，西到梓州，远离家室，漂泊异地，他在幕府游历的动荡岁月中逐渐耗尽了全部的政治热情。

他跟随着被贬的“李党”官员、宰相郑亚去了桂林，投身郑亚幕府中。很快郑亚再次被贬官，他也随之而失业。李商隐不得不回到长安。他在穷困潦倒之际，再不能保持最后的矜持了，只能写信求助于旧日的哥们儿令狐绹。令狐绹一路加官晋爵，李商隐却始终失意落魄，令狐绹成了李商隐怎么也过不去的一道关卡，李商隐不得不写信给少年时代的这个朋友谋求生路。令狐绹还念旧情，施以援手，提拔李商隐在京城做了个小官，但友谊是不可重拾了。在“牛党”得势独大、“李党”全面终结的政治形势下，令狐绹没有用自己日愈显要的权势打压挤对李商隐，反而帮助他顺利返京调选，对李商隐来说实在是雪中送炭。但李商隐是纠结的，他的自尊心无法承受到头来还得向令狐家的人乞怜的现实。况且，当年自己27岁时是县尉，兜了一大圈，如今37岁了还是县尉。

唐宣宗大中三年（公元849年），李商隐受到武宁军节度使卢弘止的邀请，前往徐州任职。虽然在那里他曾得到过府主的器重，但终被视作一个文牍之才，不到一年，卢弘止病逝，李商隐不得不再次另谋生路。

困苦之中，李商隐又一次求援于已任宰相的令狐绹。令狐绹对李商隐的陈情于求很快作出反应，引荐李商隐做了太学博士，官阶是正六品上。这个品级并不低的职位，实际上是李商隐一生当中所任过的级别最高的一个正员官职。

后来，还是在令狐绹的推荐下，他被西川节度使柳仲郢聘到四川的梓州幕府。这一年冬天，李商隐又得上路了，去四川寻求最后的政治前途，此时，妻子已经离世，再也没有人替他整理衣裳，再也没有人与他共剪烛花，他凄凄惶惶乘舟西行，遇到的只有巴山那令人断魂的夜雨。梓州长达四年的幕僚生涯中，李商隐的大多数时间都在郁郁寡欢中度过。

此外，其子女当时又寄居长安，更加重了他的精神痛苦。时世、家世、身世从各方面促成了李商隐易于感伤的、内向型的性格与心态。他所秉赋的才情、他的悲剧人格和内向型性格，使他格外多愁善感，而且感情异常丰富、细腻。国事家事、春去秋来、人情世态，以及与朋友、与异性的交往，都能随时随处引发他丰富的情感震荡。“庾信生多感，杨朱死有情”，“多感”“有情”及其所带有的悲剧色彩，在他的诗作中表现得尤其突出。

三

正统的儒家道德观无法原谅李商隐的忘恩负义，从唐末对李商隐诗文的恶评开始，《旧唐书·文苑传·李商隐》中多次提到时人责难李商隐“背恩”“无行”“无特操”“恃才诡激”；宋代学者更是认为，李商隐在人品上无操守，在诗品上流于绮艳。

李商隐真的是一个见利忘义、冷血无情的势利小人吗？他真的是一个在投降和背叛之间见机滑翔的“蝙蝠”吗？这时候，如果用儒家的仁义观来规定和解释人性，可能很教条，也很不公平。李商隐自有他的委屈，李商隐是个敏感的才子，处于被援助、被恩赐的位置，对他未必是一种幸福，那些早期对令狐家族感恩戴德的诗，或者可以从另一个角度证明，他内心无时无刻不感到某种压力。寄人篱下的生涯只会强化他的纠结和忧郁，毕竟做王家的女婿和做令狐家的义子，感受和地位是不一样的。才子大多自视甚高，对自己的获得常常觉得理所当然。以考中进士为例，令狐绹固然为他出了大力，但是难道以他的才学，不配当个进士吗？对于恩惠，施予者和接受者的计算方式常常不同。在中国古老的年代，真正的文人是最难收买的一类人，他们有时候看上去聪明懂事，仿佛深谙世故，有时又会在突然之间荒腔走板，按照自己的心意来办事。你跟他讲官场规矩，讲保持队形，他跟你讲真性情，讲个人意志。

虽然曾经亲如兄弟的李商隐与令狐绹后来形同陌路，但令狐绹一直遵照父亲的遗愿，从未放弃过对当年这位义弟的热忱帮助。他们最大的分歧是对于双方关系理解的分歧。令狐绹的理解是官场式的：你得了我家的恩惠，你是我们的人；李商隐却是文人式的：那只是我的寄寓之所，我不过是个过客。有史以来，争议不断，后世的研究者们分别依据自己的价值倾向，有的挺李商隐贬令狐绹，有的扬令狐绹抑李商隐。其实这两个人无所谓谁对谁错，各站各的队，各走各的路，各有各的命运。

还有一种可能是为了爱情。李商隐在政治利益和爱情之中选择了后者，这是多情才子很容易犯的“错误”。李商隐结识了王茂元的小女儿，那女子的神态身姿，集青春与成熟于一身，令他梦萦魂牵，那是一个无法拒绝的奇妙的“眼缘”，他开始了深情的浪漫追随，写诗透露自己思慕王家小女的苦闷，“我为伤春心自醉，不劳君劝石榴花”。为此，李商隐特意托朋友做媒牵线，这桩才子佳人两情相悦的姻缘赢得了王茂元的赞许和成全，李商隐如愿以偿。后世评价说，李商隐做了王茂元的女婿，因此断送了仕途，是做了此生最大的一件蠢事。

这样的看法太势利。李商隐为了爱情，被卷入党争旋涡，他一生的仕途都受累于此，但他从未后悔过。相反，对于妻子王氏，他深怀愧疚。与王氏结婚后，李商隐为了生活不得不四处奔波，一直穷愁潦倒，生计艰辛，从未使妻子宽心过一天。两人聚少离多，但王氏一直任劳任怨，默默支持他。李商隐生性多情，但他与王氏结婚之后，却对爱情专一执着，与妻子感情甚笃，从未有窃玉偷香之事。王氏死后，李商隐在四川梓州幕府时，府主同情他鳏居清苦，要把才貌双佳的年轻乐伎张懿仙赐配给他。当时李商隐正值中年，丧妻逾岁，续弦亦在情理之中，但李商隐因思念亡妻而婉言谢绝，独居至死。妻亡之后尚能如此钟情自守，妻在之时更无可能轻佻放浪。

“君问归期未有期，巴山夜雨涨秋池。何当共剪西窗烛，却话巴山夜雨时。”这首《夜雨寄北》是多么脍炙人口的抒情短章！李商隐被秋雨阻隔，滞留荆巴一带，妻子从家中寄来书信，询问归期。但秋雨连绵，交通中断，归期无法确定。诗中有问有答，跌宕有致，流露出李商隐留滞异乡、归期未卜的羁旅之愁。同时，也足以见得他与夫人王氏伉俪情深，妻子时刻盼望他能速归故里，与自己共坐西窗之下，剪去烛花，深夜畅谈。而此时，只能苦苦思念。

“相见时难别亦难，东风无力百花残。春蚕到死丝方尽，蜡炬成灰泪始干。晓镜但愁云鬓改，夜吟应觉月光寒。蓬山此去无多路，青鸟殷勤为探看。”李商隐的这首千古绝唱，到底是他在妻子生前所写的思念诗，还是在妻子死后写的悼亡诗，一直难有定论。这是诗人以“无题”为题目的许多诗歌中最著名的一首寄情诗。这首诗从头至尾都融汇着痛苦、失望而又缠绵、执着的感情。这样的抒情连绵往复、细微精深，表达了其对妻子的绵邈深情。

你们信吗？能写出这样两首诗的人，竟会是忘恩负义之人？

四

在唐代文人中，李商隐属于私生活相对保守的一位。除了结发妻子，他一生中最广为人知的两段感情，分别是与宫女宋华阳和富商之女柳枝，而且都在婚前。

第一段恋情是李商隐 23 岁那年发生的。宋华阳原是一位宫女，随同玉真公主在玉阳山入观修道。唐文宗大和九年（公元 835 年），由皇帝和宦官正面冲突导致的“甘露事变”爆发，仕进之途受阻的李商隐“志在玄门”，跑到河南济源县的玉阳山一带学道，认识了女道士宋华阳，这是一个使他终生难忘、付出了无限真诚和全部灵魂的初恋情人。他们一见倾心，产生了浓烈的爱恋，“星沉海底当窗见，雨过河源隔座看”，李商隐觉得自己如醉如痴地爱上了天上谪落的仙子，倾听了一首云中传来的乐曲。他的眼睛再也看不到昼与夜的区别，只有思念如海，茫茫漫过心头。紫云之阁，碧霞之城，城阙林立，曲栏环护，千年古松掩映下的山中仙宫缭绕着袅袅慧香，全都成了李商隐爱情的迷幻境界，辨不清是梦是实，只是一片心旷神怡。这段最后无果而终的男女之情，带给李商隐无穷丰富的艺术灵感，《碧城三首》《过圣女祠》《河阳诗》《重过圣女祠》等，分明都是李商隐为纪念这段情而作。

另一段情的女主角名叫柳枝，初遇诗人时才17岁，是洛阳富户之千金。李商隐在当时是小有名气的青年诗人，深受大批文学女青年的追崇。面对柳枝的大胆追求，李商隐欣喜若狂，一口气写下了四首关于他与柳枝相爱的诗作。然而，“人世死前唯有别，春风争拟惜长条”，那一字一句中溢出的是他的无限伤痛，那是一种刚刚得到而马上失去的苦楚。诗里传达出他对柳枝的深深思念、悉心体贴，他为她的命运担心，并为自己不能与她结合而感到无尽遗憾。

可见，李商隐绝非无情无义之徒，恰恰相反，他是一个长情、重情的人。这与他的政治行为如出一辙。牛党中的萧浣、杨嗣复被贬时，他曾前往贬所探望。唐武宗会昌年间令狐绹失势时，李商隐与他的交往反而更密切一些。李德裕被贬之时，李商隐毫无顾忌地为其文集作序，对失势者的政绩人品给予崇高的评价，为一个被当政者严密监视的下台宰相大唱赞歌，这需要不凡的胆识和气魄。仅此一点，便可相信李商隐不可能是趋炎附势之辈。写史者站在道德制高点上嘲笑他对“李党”的忠心耿耿，但我们也看到本可抽身另觅高枝的他，一直陪着李德裕一党走到万劫不复的境地，这样的坚持与勇气是让人动容的。

对自己早年结识并受恩于令狐家族这一事实，李商隐一生都很纠结。在令狐楚生前和死后，李商隐对这一段际遇曾经充满感激之情和报恩之心。此情此心，屡屡见于李商隐所写的诗文。但随着李商隐政见立场的改变，随着他自己人生际遇的挫折，他对令狐楚的态度也改变了。从李商隐晚年写的两首诗，可以概见这种改变。“当时自谓宗师妙，今日唯观对属能”，又说“平生误识白云夫”，明白道出李商隐以认识令狐楚为人生大误，悔不当初之慨溢于言表。

或许他只想以忠君爱国为己任，认为结党营私是可耻的；或许他太弱，不堪人事，载不动那翻云覆雨、波谲云诡的官场政治；或许他不想介入晚唐血雨腥风的朋党之争，只想做个逍遥派，尽管在政治斗争中永远容不下逍遥派。

五

那一场巴山夜雨后，李商隐不再有爱情，也不再有事业，他在四川凄凄惨惨地待了四年，于唐宣宗大中九年（公元855年）回到长安，谋了个盐铁推官的闲职，最终回到家乡，然后默默地死去。他死于深秋，死于折磨他多年的疾病与积郁。死的时候，家无余财，灵柩停在空落落的堂上。留下一滴眼泪，在日照下飞为云烟；做了一场大梦，用一朵花开到花落的时间。蝴蝶已随杜鹃飞走，唯留下颤抖的弦，一声声，一声声，诉说着曾经惘然的华年。

人生很短很苦，李商隐活着的短短45年中，唐朝竟然换了6个皇帝。有的被宦官杀死，有的口服丹药“成仙”了，有的力图改革却以失败告终，也有的励精图治却回天无力。大唐王朝结束了，中原四分五裂，战火流离，民不聊生。

文人不遇，缘于他是文人。古来才命两相妨，说是才高命薄也好，说是英年早逝也罢，也许在他活着的时候，用世俗评价标准来看，李商隐是失败的，令狐绹才是成功人士。可是，一千多年的历史终究还是涤荡出真相，李商隐这个被晚唐两党政治斗争不幸裹挟的苦命才子，最终以诗学和美学的价值胜过了他同时代的一切王侯将相，当然也胜过了令狐绹。在唐以后的中国，世世代代都流传李商隐那些神秘、怅惘、朦胧、梦幻、晦涩、优美、真挚的诗歌："夕阳无限好，只是近黄昏"，"天意怜幽草，人间重晚晴"，"嫦娥应悔偷灵药，碧海青天夜夜心"，"可怜夜半虚前席，不问苍生问鬼神"……一首首缠绵悱恻，一句句落地有声。

在中国的诗歌史上，几乎找不到第二个像李商隐这样褒贬毁誉集于一身的人，找不到第二个像他这样被误读千年、曲解千年的人，更找不到一个像他这样因为一首诗被争论、被猜测了一千多年也解不开谜底的人。在一片颓靡的诗国晚景之中，出现了这个令人惊艳的诗人，他以天赋之才开辟另一番天地，将自己细腻、深微、广博的厚重情感融入。并且，自他之后，再无人能臻于此境。李商隐的许多诗作，因为语言隐晦、用典繁密，其中诗意往往难有确解，历来众说纷纭。妇孺皆知的成语"心有灵犀"来自这一首《无题》诗："昨夜星辰昨夜风，画楼西畔桂堂东。身无彩凤双飞翼，心有灵犀一点通。"后世认为这首诗不知所云，没有人知道李商隐和谁"心有灵犀"。

家世的孤苦不幸，加之瘦羸文弱，形成了他易于感伤的性格，李商隐的性格是内向自卑的，他的浪漫情怀无法像华清宫的温泉、庐山的瀑布那般倾泻而出，只能在曲折难解的意象下，孤独地抒发自己的款款深情、真挚而又脆弱敏感的爱恋，在无情的风雨人生中，显得极为易逝和易碎，只得寄情于那穿越时空、虚幻而又美丽的高唐神女，沧海蓬莱等奇情想象构建的缥缈温柔梦。他以自己莹彻玲珑的触觉，以冷艳而又忧伤、富丽而又婉转的秀灵文字，勾勒出镜花水月、琼楼玉宇般不可捉摸的清虚意境，始终给人一种迷离恍惚的感觉，只能说让人似懂非懂却又有强烈震撼的共鸣，为诗人一往情深的痴情而感动，为诗人无怨无悔的追求而伤怀。李商隐的诗歌与性情就像他的号“玉溪生”一样，有如温润的美玉，静静地躺在细水长流的小溪中，曲折地流过清灵的山谷，最终消失在雾气深锁的一片朦胧当中，不知向谁倾诉诗一般的爱情故事、谜一般的伤感人生。

李商隐用颤抖的毛笔写下这一生的总结书《锦瑟》：“锦瑟无端五十弦，一弦一柱思华年。庄生晓梦迷蝴蝶，望帝春心托杜鹃。沧海月明珠有泪，蓝田日暖玉生烟。此情可待成追忆，只是当时已惘然。”

这总结书成了万古流芳的千古之谜。写给谁的？不知道。写给结发爱妻王氏？写给恩师令狐楚？写给“发小”令狐绹？写给美貌的女道士宋华阳？写给洛阳富商女柳枝？写给达官贵人的后房姬妾？每一种说法都言之凿凿，每一种说法都据理力争。

李商隐在四川梓州幕府生活的那四年里，功名心几乎全然褪尽，他曾一度对佛教产生浓厚的兴趣，与当地僧人交往甚密，甚至想过出家为僧。这首诗一定跟这段经历有某种联系。

再诵读一遍这谜一般的诗：“锦瑟无端五十弦，一弦一柱思华年。庄生晓梦迷蝴蝶，望帝春心托杜鹃。沧海月明珠有泪，蓝田日暖玉生烟。此情可待成追忆，只是当时已惘然。”

其实这是写给他一生遇到的所有人的。有恩的，有怨的，有情的，有债的。这一生的苦难，一生的挣扎，一生的潦倒，一生的漂泊，路途上遇到了多少人、多少事。与那些女子的款款深情，与令狐父子的恩怨交织，与“两党”政治人物的种种纠葛，都算是一种“情”吧。今生能遇到，都是“情分”。“此情可待成追忆”，来世，还能再见到这些亲人、情人、恩人、仇人吗？在不可预料的来世轮回里，谁也不知道会轮回成什么人、什么鬼、什么畜生，谁也不知道各自会轮回到哪里去，所以，要想再见恐怕太难太难了。“相见时难别亦难”，道一声珍重吧！

汴梁雪

柳永：对潇潇暮雨洒江天

一

从散见于宋人笔记、杂著的零星资料中可以推断，柳永的远祖即为官宦人家，他从小就受到儒家思想的强烈熏陶，养成功名用世之志。柳永的先辈、父亲、叔叔、哥哥、侄子都是进士，在这样的家风和压力之下，柳永不得不早早投身于科举事业的滚滚洪流中。

从碧水丹山的武夷山走到人声鼎沸的帝都东京，功名道上长路迢迢，柳永一路走来。一到光怪陆离的汴梁城，骨子里多情浪漫的柳永，就被青楼歌馆里的歌妓吸引，在风月场上流连，与青楼歌妓打得火热，把秦楼楚馆的欢情和勾栏瓦肆的放荡如实写进词里。他才华出众，独步词坛，佳词妙句层出不穷，知名度和影响力迅速在坊间流传开来。柳永的官瘾是很大的，但又清高自爱，不愿结交达官贵人，在上流社会没有人缘。

他第一次赴京赶考就因为怯场落榜了，第二次发挥不好又落榜了。两次落榜对他的打击太大，年轻人脾气很冲，由着性子把满腹牢骚发泄在一首叫作《鹤冲天》的词作中："黄金榜上，偶失龙头望。明代暂遗贤，如何向？"科举落榜，不好好反思自己，却埋怨皇帝没有发现自己、政府遗漏了贤才。明明是一介布衣，偏要说自己是"才子词人"，是"白衣卿相"。其中有句"忍把浮名，换了浅斟低唱"，这等于是在指责大宋朝的科举制一钱不值，是个失败产品。大概由于《鹤冲天》的名气太大，有人把这首词送到了宋仁宗的案头，皇帝忍受不了这个年轻人的狂傲。这只"鹤"真是"冲天"，这首《鹤冲天》更改了柳永一生的命运。

三年后，柳永又来京城考试了，这次他既没怯场，也没发挥失常，顺利过了考试关，只等皇帝朱笔圈点放榜。谁知，当仁宗皇帝在名册簿上看到"柳永"二字时，龙颜大怒，恶狠狠地抹去了柳永的名字，并批了一句话："你且去浅斟低唱吧，还要什么浮名？"

《鹤冲天》不过就是书生抒发的一点个人情绪，但是，柳永此时或许还不知道自己歌词的分量。它那风流的词句和优美的音律已经征服了北宋的大众文化领域，从文人雅士到市民村夫，覆盖了所有官家的和民间的歌舞晚会，"凡有井水处，即能歌柳词"。繁盛的都市是他的天堂，平凡的市井是他的土壤。柳永的靡靡艳歌，在秦楼楚馆、酒宴舞席的演唱环境中诞生并传播，也在朱唇皓齿、轻音慢声的传播中存在，伴随着词、乐、声、舞多种艺术形式的整合，依靠着歌伎这支色艺俱佳、声势浩大的传播大军，柳词无翼而飞，传遍大江南北，流传到任何一个"有井水"的地方，甚至远扬海外。文人士大夫指责柳词"俗"，认为不符合儒家诗经道统，登不上大雅之堂，当时很多人都以受到柳词影响为耻。集贤殿学士晏殊刻薄地讥笑柳词是“彩线慵拈伴伊坐”。但皇帝老子、宰相大人乃至所谓文人雅士一方面鄙夷和攻击他的艳词流于市井习气和媚俗，另一方面又忍不住偷偷吟诵，偷偷传阅，偷偷赞赏，偷偷效仿。

二

宋朝对妓女的人文素质要求很高，她们必须通晓诗词歌赋、琴棋书画。宋朝有如此高素质的妓女群体、对妓女宽容的社会风气和繁荣昌盛的色情行业，生活在宋朝的文人想不嫖妓都难。文人嫖客与青楼妓女在宋词里唱出了他们的绝代风华。

被皇帝亲手黜落之后的柳三变，变本加厉地放浪形骸、流连声色了。他调侃地自称是“奉旨填词柳三变”，出没于花街柳巷，栖息于粉帐锦被，结交的全是歌妓朋友。他为她们写词，许多歌妓因为唱他的词而走红，在官场惨败的柳三变，在市井红尘中获得了巨大的成功。许多歌妓以认识他为荣，歌妓中间流传着这样的说法：“不愿君王召，愿得柳七叫；不愿千黄金，愿中柳七心；不愿神仙见，愿识柳七面。”这位被拥戴为“花间皇帝”的柳永成了宋朝歌妓的大众情人。为了见他一面，为了求他一首绝妙好词，她们死也愿意。柳永成为中国历史上最受妓女爱戴的花间客，男人做到如此境界，千秋万代，唯柳永一人。

自古希腊、古罗马以来，西方的妓院主要是解决生理问题。中国的青楼则不然，性交易不是其主要内容或者全部内容。从某种程度上说，是科举催生了青楼。唐宋以来的士子出入青楼，主要是一种精神的宣泄，因为莘莘学子在浸淫科目、奔走投托的日日夜夜中，压抑的时间太久了，心理的负担太重了；而客观上，城市经济的繁荣和社会政策的宽松又为他们提供了适当的条件和机会。柳永不同于其他文人的地方，就在于他总是直接进入闺情之中，体会或者承担那种种的喜乐哀怨。他的闺情词可以写得大胆直率，可以流露出男人偶尔的软弱和女人持久的柔美。柳永大半生都流连青楼，却从不把女性当作玩弄的对象，而是同情她们的命运，尊重这些“意中人”“知音人”的人格，从内心深处感知、眷恋她们，为这些学识与主见兼具、品格与志趣高雅、向往憧憬美好人性的女子寄情与疾呼。“系我一生心，负你千行泪”的体贴垂怜，“衣带渐宽终不悔，为伊消得人憔悴”的恳切执着，正是对社会下层女子无奈命运的慰藉。上天把柳永这样一个男人赐予她们，也同时赐予她们尊严与爱，以及温暖，而妓女们的“怜才深意”也满足了文人被崇拜、被热爱的心理需求。

三

他的生命力太强盛，多情、浓情而滥情，每一段情都不是逢场作戏，每一段情都是假戏真做，都留下“脉脉人千里，念两处风情，万重烟水”的无限情思，妓女们“一生赢得是凄凉，追前事，暗心伤”的悲剧命运，只有他能默默体恤。他的爱情辽阔如江海，滋润普天下薄命红颜。《雨霖铃》和《八声甘州》，以严肃的态度，唱出不忍的离别、难收的归思，感染了后世。

“寒蝉凄切，对长亭晚”，一首长亭送别的慢词，把男女之间依依惜别的缠绵和铭心刻骨的思念写尽了。还要什么功名利禄呢？与其把名字刻在山崖上展览千年，不如在爱人肩头痛哭一场。其实这首词作不是写给某一位女子的，更像是写给全体妓女或者全体女性的不朽情诗。“执手相看泪眼，竟无语凝噎。念去去，千里烟波，暮霭沉沉楚天阔。”“今宵酒醒何处，杨柳岸晓风残月。此去经年，应是良辰美景虚设。便纵有千种风情，更与何人说。”双调《雨霖铃》，造就了这样一个千古绝唱的柳永，成为中国古代爱情离别诗中最凄美的乐章。

从现存资料来看，柳永自离乡之后便再也没有回去过。虽然他在词中一再抒发思乡之情，然而功名未成，乡关何处？我们甚至找不到一别之后，他和家乡还有什么联系的痕迹，这个无根浪子留给我们的只有人生漂泊不定的无依之感。你看“对潇潇暮雨洒江天，一番洗清秋。渐霜风凄紧，关河冷落，残照当楼。是处红衰翠减，苒苒物华休。惟有长江水，无语东流。不忍登高临远，望故乡渺邈，归思难收”。一生漂泊不定的游子思乡难归，秋日黄昏，词人想起了日渐遥远的故乡，烟波江上，浩渺一片乡愁。柳永写下了大量的这类羁旅行役作品，《八声甘州》写得风格雄浑、气象阔大，苏轼就赞扬其境界不比唐诗差，在宋代这可是对词作最高的赞誉了。《八声甘州》也更加表明，柳永的词并不是通常意义上的所谓“婉约”，柳词其实是豪迈而又有豪情的。

一路嫖宿到天涯，这一嫖就是 17 年的时间。在歌舞淫靡中销魂烁骨，没能让他筋柔骨酥；在青楼梦好里依红偎翠，没能使他流连忘返。这也就是柳永，成为不可多得的例外。多少人一夜销魂而烂掉一生，身陷情场而终生不拔。许多妓女因唱柳永的词而红透京城，又是妓女最终成全了柳永，使他活下来，没有让他浪迹江湖、归隐山水，让一个在官场中断然无法立足的人成长为一个让人无法忘却并在历史上闪烁光辉的词人。他对京都的眷恋隐藏着对功名权势的向往，而更多的、更鲜明的则是在自由与功名较量之后对艳景、艳色、艳情的享乐人生的渴望。用泪水擦拭灵魂，以思想荡涤世俗，来自民间，挣扎于底层，成了柳永唯一的选择。在仕途失意的时候，他混迹在市民堆里，沉迷于烟花丛中，那里成就了他的文名，成就了他在中国文学史上的地位，他是中国知识分子中一个仅有的类型，一个特殊的代表。

四

虽然柳永的人生异常的灰暗，家园阻隔，仕途坎坷，羁旅漂泊，但他的性情却又足以使他在那个承平社会中如鱼得水、尽情欢纵。他显然是以自己生活在这样一个太平繁华的时代而满足、自豪的。这个本来处于社会边缘的浪子，反而成为最能感受时代氛围并为之热情歌唱的人。他的词对北宋初年太平气象的描绘可以说达到了极致，没有谁曾像他那样由衷赞美和歌颂自己所处的盛世。

《望海潮》是为一个做杭州太守的朋友而作的，有应酬的意味，却也写得绝佳，用一首仅有百余字的词来表现一个城市，难度可想而知，但是柳永做到了。“东南形胜，三吴都会，钱塘自古繁华。烟柳画桥，风帘翠幕，参差十万人家。”词人仿佛是站在云层之上俯瞰神州大地，在一片苍茫雄伟的山河中，熠熠闪耀的就是这东南海滨的璀璨明珠。据说当时金主完颜亮看到这首词之后，被词中的“三秋桂子，十里荷花”描写所吸引，于是下决心要征服南宋，将此美景据为己有，隔年便以 60 万大军南下攻宋。柳永的这首词俨然成了外敌入侵的缘由，好在完颜亮攻宋不成，反为部下所杀，不然，柳永岂不要背上“卖国”的罪名？柳词的魔力，以如此夸张的传说深深刻印在当时人的心底。有人为这样的美好，不惜发动战争，不知是词的幸或不幸。

当柳永陶醉于街市的香艳旖旎，陶醉于市井小民给予的文化自信时，他的文化身份也就变得模糊而暧昧了。浪子文人功名无成，在政治上逐渐走向边缘化，也背离了儒教，背离了政统，背离了道统，柳永陷入人格分裂的尖锐痛楚中。毕竟，读书进仕才是知识分子的正途，柳永不能免俗，纠缠于他内心深处的强烈的功名意识其实从未平息。但他对功名绝望了：“驱行役，苒苒光阴，蝇头利禄，蜗角功名，毕竟成何事，漫相高”，“游宦区区成底事，平生况有云泉约”，仕与隐的内心矛盾纠结不清，他既有遁迹林泉、归隐渔樵的思想，又有实在不甘心功名冷落的命运，从一位立志出将入相的文人到一个专门为青楼歌妓填词的词作家，饱受了官宦阶层对“边缘文人”的白眼。他谴责自己虚度年华是因为功名未就，而功名未就的导因最初以为是年少风浪，可后来他在“减尽风情”、矢志追求功名仍不得后，终于发现功名未就很大程度上是由官场的复杂和仕途的险恶造成的。

儒生的仕宦之路一直是他劳顿奔波的目标，他从未放弃过对功名的追求和任何一次可能出仕的机会，可见其用世之心的持之以恒。他干谒权贵，苦心经营、费尽心机，希望在正统儒雅文化中获取自己的位置，谋取一官半职，实现自己的抱负和理想。为了仕途的进取，他曾经写过许多干谒权贵和歌功颂德、粉饰太平的作品。如：《望海潮》是干谒杭州地方官吏、歌咏太平盛世的；《一寸金》是写给成都地方官吏的投献之作，极力称赞蜀地地方官的文治武功；《永遇乐》是献给苏州太守的，希望博得青睐、获取升迁；《送征衣》更是为宋仁宗贺寿而作，称颂天帝格外赐福，使当今皇上得到天地人三界神灵的保佑帮助，还夸耀仁宗皇帝的英明圣哲超过了历代君王。溢美之情，肉麻之辞，用世之心，他毫不遮掩。

五

51 岁了，柳永的生命有了一线亮光，他总算考中进士，步入仕途，虽不免发出“及第已老，游宦更迟”的感慨，却仍然表现出极大的政治热情和干劲。他毕生孜孜以求，到知天命之年才因为放宽条件而有幸进士及第，但遗憾的是，他并未被委以重任。一个小小的官职还要再三调换，辗转僻州小县，屈居下位，终其身不过做到余杭县令和屯田员外郎。他有限的晚岁光阴就在愁苦凄凉的旅途之中虚掷了。

还是失意。失意了，就再从官场转向情场，再从仕途躲进青楼。这时，他对世人普遍奉行的价值选择开始产生了怀疑，这由金銮殿的宝座上施舍下来的功名，是否真的值得自己这样的奔波、这样的漂泊？

柳七官人到浙江余杭上任，携带琴剑书箱，扮作游学秀士，迤逦上路。路过江州时，有人向他推荐一位名叫谢玉英的妓女。谢玉英闻得秀士来访，热情迎接，将柳永引入小书房。这书房窗明几净、香气不散，万卷图书供玩赏，一盘棋局佐欢娱，如此雅致的书房可见主人的气质非同一般。再一见谢玉英，柳永被迷得魂飞魄散，几乎晕倒，这是上天造就的尤物、万世难寻的美女。更为奇妙的是，书桌上摆着一册书，书名为《柳七新词》，打开观看，上面所录全是柳永的辞章，那字迹是蝇头小楷，秀丽工整。柳永与她一读而知心，才情相配。柳永心为所动，写下情诗，许下盟约。柳永在余杭任上三年，又结识了许多江浙名妓，但始终不忘谢玉英。柳永任满回京，到江州与她相会。不想谢玉英又接新客，陪人喝酒去了。柳永十分惆怅，在花墙上涂鸦一首“试问朝朝暮暮，行云何处去”，追忆三年前恩爱光景，又倾诉今日失约之郁闷。谢玉英回来见到柳永词，喜出望外，感叹他果然是多情才子，自愧未守前盟，连忙收拾行囊赶往东京寻找柳永。谢玉英在东京名妓陈师师家找到了柳永，二人久别重逢、重修旧好。此后，谢玉英就在陈师师东院住下，与柳永如夫妻一般厮守。

柳永得了什么病已无法考证，但愿他得的不是花柳病。当他病重的时候，人们才知道这位显赫一时的柳三变是个贫穷潦倒的书生，是谢玉英伴他度过弥留之际。柳永死后，谢玉英以妻子的身份主丧，其他妓女也如亲人一般，以陈师师为首，集众妓家钱财，置办衣衾棺椁，举行隆重葬礼。出殡那天，汴京城满城青楼女子无一人不到场，遍地缟素，哀声震地，哭声均为女性悲泣。参加送葬的官僚自觉惭愧，掩面而返。柳永的墓地设在汴京城外的乐游原坟岗，墓碑上刻有“奉圣旨填词柳三变之墓”。谢玉英悲哀过度，不逾两月而亡，附葬于柳永墓旁。从此，每到清明，众妓都来柳坟凭吊，长此以往就成为一个风俗，叫作“上风流冢”，直到高宗南渡之后此风方止。

柳永就在这样的红裙翠袖中死去了，他的灵魂一定安住在温柔之乡，与他的那些红颜知己弹琴论诗，缱绻缠绵。他的风流倜傥也给后人留下了一个沉重的命题，那就是风流与才华。我知道这是一个很敏感的话题，一旦涉及，就会碰触道德底线。我总觉得，柳永是在用这种反道德的生存方式批判着什么。对于今人而言，这里没有模仿的意义，但是它却有着参照的意义。那些青楼从业者，脱光衣服躺在客人面前，是为了生存。而世上很多人，衣冠楚楚地坐在台上，却只是为了私欲和欺骗。相比而言，最肮脏、最卑鄙的地方到底在哪里呢？是在青楼，还是在那些冠冕堂皇的地方？

重显：雪窦寺的钟声

一

其实这世上只有一种成功，就是以自己喜欢并适合的方式度过一生。

重显年幼时就不吃荤血食物，也不太喜爱玩耍。北宋太宗雍熙四年（公元 987 年），重显 7 岁时，有一位僧人来到四川遂宁，路过重显家门口。重显拉住僧人的袈裟，喜不自胜。当听到佛经念诵，梵呗之音时，突然潸然泪下。父母问他缘故，重显恳请父母让他出家，父母坚决不答应，最终未能如愿，于是重显郁郁寡欢，在家绝食好几天。直到重显 23 岁时，父母相继去世，才得以出家。重显在 23 岁之前一直接受的是正统的儒家教育，培育了极高的人文素养。

他云游的足迹遍布包括四川、湖南、湖北、江西、安徽、江苏、浙江在内的整个长江中下游地区，遍访各大名寺的高僧大德。

之后，重显游历到安徽池州，在景德寺担任首座一职。此间，他与池州太守曾会相逢。曾会比重显年长 28 岁，两人却一见如故。北宋时期，官吏与禅僧交往频繁，文人学士与禅僧之间相互唱和，成为风气时尚，那时的官员普遍尊禅礼佛，心系丛林。重显倜傥俊迈，不落俗流，青年僧人的个性才情深得曾会赏识。二人忘年之交，常来常往，重显为曾会在治理池州中点拨了不少主意，曾会也省悟了很多儒佛合教的思想精髓。

曾会的为官之道，让重显敬佩不已。曾会原是福建泉州人，宋太宗端拱二年（公元 989 年）的榜眼进士，他天资夷旷，学识渊博，才华出众，而且为官清正廉洁，不与那些骑在人民头上作威作福的贪官酷吏同流合污。

重显告知曾会，他将继续向东游历。恰好，曾会认识杭州灵隐寺的住持珊禅师，便写了一封言辞恳切的推荐信，让重显带给珊禅师。这样可以让珊禅师帮重显在寺庙里安排一个好职位。可是，来到灵隐寺后，重显没有拿出这封信，而是悄悄混迹于众多僧人当中，日复一日。

三年后，曾会到杭州灵隐寺寻访重显，不但住持不知道他，大多数僧人根本就没听说过重显这个人。于是曾会就在千余僧人中寻找，找了一整天，才从茫茫人海中发现他的身影。恍然大悟，原来重显并没有把那封推荐信交给珊禅师，而选择在寺内默默修持，与世无求。珊禅师以此为奇，心里暗暗赞叹重显甘于寂寞的定性，便推荐重显去苏州翠峰寺任住持。

不到一年，曾会职务变动，宋仁宗天圣三年（公元 1025 年），他出任浙江明州太守。曾会亲笔书写《明州军府官请住雪窦疏》，前后三次邀请重显出任明州雪窦寺住持。重显在苏州弘法期间，口碑太好，苏州翠峰寺的僧众舍不得他离开，与前来迎接的明州专使发生了争执。重显劝告翠峰寺的僧众，僧家无所执着，缘聚缘散，一切自然，望大众能够理解。他坚定决心，投桃报李，接受故交曾会的邀请，前往明州雪窦寺。

重显一生担任住持31年，仅在雪窦寺就长达29年，名闻遐迩。有明州地方长官曾会作为外护，应当说对他在明州雪窦寺传法、扩大云门宗的影响是帮助重大的。

曾会历经宋真宗、宋仁宗二世，出入官场45年，从刑部郎中、集贤殿修撰做到知明州，官不过五品。年华老去，回首漫长的仕途和暗流汹涌的政治，对北宋的朝政不觉发出无能为力的哀号。这时，他奏请辞官致仕，但未获朝廷批准。

万般闲闷中，曾会拄杖来到雪窦寺，与重显深深交谈，颇感心心相印。可谓游清净觉地，证第一义心。雪窦寺的钟声传来，划破沉寂的夜晚，击碎鸦雀无语的暮色长空，叩响在曾会心头，听见了，却不回响，但如茫茫夜海中，向濒于死亡的盲龟投去的一段浮木，实有救生灵出苦海之功。

雪窦山下，剡溪之湄，林泉幽美，迎着月色，他们饮白茶，喝梅酒。雪窦寺前有处瀑布，乳泉之水流入锦镜池，穿过关山桥，在千丈岩倾泻而下，自岩顶至深潭。半壁有巨石相隔，正逢春夏之交，大雨滂沱，飞流直下，流到半壁为巨石所碰撞，击碎溪岩飞雪，经月光照耀，出现一道明亮的银光。

二

重显在与曾会的唱酬中，不仅进行禅学交流，而且应机弘化，针对性地运用诗歌形式，融禅韵诗情于山水歌吟之中，

"石径通岩窦，引步藏欹侧。蓬莱人不来，扫尽苍苔色。飞瀑千万层，五月状冰雪。将期云雾开，永夜对孤月。"在重显的笔下，雪窦奇景皆为佛性之显现，宜当下证取，不容思议。因为山河大地，森罗万象，都是佛的境界。对山水自然的观瞻与亲近，当为自性的体悟与发现。基于此，就不难理解对"雪窦禅"的歌咏，常伴随自然山水的描写了。

雪窦之禅风，兼有云门宗之高古险峻和临济宗之峻烈迅捷，他主张，行脚高士应该有把定世界、涵盖乾坤的胸襟。雪窦重显是个有着极高文化品味的禅师，他非常熟悉禅宗"不立文字"的奥妙，但也感到光用棒喝来教化禅僧，总有点缺憾。于是他顺应当时"文字禅"的潮流，编成《颂古百则》，"颂古"是文字禅的一种形式，以韵文体的形式对公案作赞颂性的解释，以诗的形式说禅。形式亦多种多样，有绝句、律诗、古体等。《颂古百则》选编100则公案，每一则公案后用一首偈颂发挥其禅旨，用意是要参禅者摄取公案的禅机，达到"直指人心，见性成佛"的目的。

曾会与重显还是有些不一样，身为官员的曾会，诗里有世情："十里湖光十里松，松阴路到十高峰。窗看渡口随湖月，楼听云门度岭钟。梁帝钵含山雨润，普贤台鏁薜花重。谁人的是忘机子，香稻寒蔬养瘦容。"禅与诗的碰撞，文人士子多吸收禅的精神层面及对生命的终极关怀。而对禅师重显来说，不仅借鉴诗的艺术表达方式，更深一层来说，妙悟到诗的意境与禅的玄旨相通之处，借诗来垂示、勘辨、开悟学人。

《颂古百则》第7则慧超问佛。僧问法眼："慧超咨和尚，如何是佛？"法眼云："汝是慧超。"于是，雪窦禅师颂："江国春风吹不起，鹧鸪啼在深花里。三级浪高鱼化龙，痴人犹岸夜塘水。”重显的诗句，独具匠心，留意辞藻，词句古雅，文采斐然。雪窦禅师之颂，先以诗意的语言渲染了一派春江水暖、鸟语花香的美景，实是以景寓理。真如自性，人人具足，如风吹不动，如鸟啼深花，虽有见闻，但此非是。如能悟得此旨，就如鱼过龙门，顿悟成佛。

第 35 则颂：“千峰盘屈色如蓝，谁谓文殊是对谈。堪笑清凉多少众？前三三与后三三。”雪窦禅师以“千峰盘屈色如蓝”起句，如勾勒一幅水墨画，诗情画意俱足。下句即转入说理，学人不要以为文殊只是随意对答。“前三三后三三”，或前或后，都应截住“执着”，佛法便在一切处。事实上，禅师们一面反复强调言诠思辨本身之有限与障碍，一面却无法舍离语言文字，以有言显无言，传言外之意。

又如第 62 则：“看看看，古岸何人把钓竿。云冉冉，水漫漫。明月芦花君自看。”第 72 则：“却请和尚道，虎头生角出荒草。十洲春尽花凋残，珊瑚树林日杲杲。”雪窦禅师以翰林之才作颂古，以禅者空寂之心，得以体悟生命的律动。唯其空明澄澈，才能容万物于一如，渺沧海于一粟，静照自然之生息。这等素养营造了诗境的极致，借以传达了甚深微妙法。

就这样，以诗歌颂文的形式，重显把原为“不立文字”的南宗禅变成了文字，也从而开创了中国禅宗史上又一个新的时代。以譬喻绕路说禅，让学人突破言语思维的执障，了悟“不立文字，直指人心”的禅旨。

就任雪窦寺住持时，他在寺庙的上堂这样写道：“春山迭乱青，春水漾虚碧。寥寥天地间，独立望何极。”气象雄浑，具有一种永恒的宇宙意识，暗示禅所追求的无所不在的“道体”。

曾会任明州太守期间，有破旧立新的政绩建树，很多方面得到重显大师的巧妙点示，给日后担任鄞县令的王安石提供了治理思维。

据史料记载，在曾会离任明州赴越州新职之时，重显一直相陪送到越州，并且在那里住了数日才辞归。禅者悟道后，早已抛弃一切外相，什么聚散、离合、荣辱、利害都从心中抹去了。所以，只有情境，没有执着。两人在会稽山下作别，重显离去时，越州酷暑难当，晴空下的茂林修竹和百桥千河在他们眼里渐渐模糊了，北宋的车马也渐行渐远。寂静的山林，清流湍激，浅波低唱，抽去无边的炎热，抽去岁月的忧思，在山麓高处，旧日的兰亭似烟雨中的安详。

欧阳修：无关风月

一

一千年前，货币之流通，火药之发明，火焰器之使用，航海用之指南针，另外，天文时钟、鼓风炉、水力纺织机、船只使用不漏水舱壁等，都于宋代出现。“在十一二世纪内，中国大城市的生活程度可以与世界上任何城市相比而无逊色。”历史学家黄仁宇在其专著中如是说。欧阳修就生于这样的盛世年代。

欧阳修的母亲教年少的儿子学问，没有纸笔，就用芦荻为笔，在沙地上划出字来教授给他。母亲曾经对他讲述其早逝父亲的事迹：“你父亲在世的时候，做一个小官吏，夜间在烛下看案卷，屡屡掩卷叹息。我问他为什么，他说，有个死刑犯，我想替他求生而不可得。尽量替他求生路，做官，就是为他人求生路的。”

多年以后，欧阳修牢记母亲的教诲，为官，就是为他人求生路。所以，从政的时候，力求宽简，不苛求，不琐碎，不为政绩。

不到20岁的欧阳修首次在湖北随州应举就失败。韩愈古文是他向往的境界。但当时的“高考要求”又是什么呢？他周围的同学没人提起韩愈古文，他们津津乐道的，不是西昆体诗就是杨刘时文。所谓西昆体诗，是以《西昆酬唱集》一书得名的，无病呻吟，雕章琢句，缺乏思想内容，走上了形式主义的歧途。而杨刘时文则承袭了唐五代的浮华诗风。

又过了两年，欧阳修再次应举，仍未得中。两度落第，使他不免沮丧，在“高考指挥棒”下，他不得不把注意力转移到西昆体诗和“时文”上来。在个人充分发展之前，先向社会妥协，欧阳修还算识时务。21岁的欧阳修以自己新写的《上胥学士偃启》为贽，去拜会汉阳军长官胥偃，这篇并不高明的“时文”，让胥偃“一见而奇之”，不久后还把女儿嫁给了他。由此也可见宋初文风的绮靡。

宋仁宗天圣七年（公元1029年），欧阳修随未来岳父来到京师汴梁。在开封三试第一，荣选为进士，被特授洛阳留守推官。欧阳修忘不了这人生极荣耀的一刻，欧阳修等从崇政殿出东华门，前有引导，后有侍从，在东京街头傲然走过。当时正值春三月，开封满城飞絮，举子们鲜衣怒马。欧阳修中了进士，23岁就步入了帝国的最高人才层，看来官运来了。

景祐三年（公元1036年）五月，欧阳修的好友范仲淹为革除弊端，上章批评时政，指陈时弊，惹恼了当时的宰相吕夷简。吕指责范仲淹越职言事，荐引“朋党”，离间君臣，范仲淹因此被贬饶州。肩负言谏之责的高若讷不仅不伸张正义，反而肆意诋毁范仲淹的人格。欧阳修气愤不过，写了一封信给高若讷，在一番冷嘲热讽之后得出结论：“足下非君子也。”他在信中尖锐地指出：“谏官不言，而使他人言之。书在史册，他日为朝廷羞者，足下也。”因为这封意气用事的信函，欧阳修被贬为湖北夷陵县令。这是欧阳修第一次以古文为武器参与政治斗争，也为此付出了沉重的代价。他在政敌的百般催逼下离京，带着老母寡妹，坐船从开封东水门而出，仓促之间，几乎淹死在汴河的激流里。

欧阳修被贬谪到峡州夷陵，在这个偏远的小县城里，没有什么书籍可供他消遣，他便取出旧案卷反复阅读，看到其中冤假错案不可胜数，于是长长叹息：“以荒远小邑且如此，天下固可知也。”想到这里，欧阳修对天发誓，即使是当个县令小官，对待政务也绝不敢有丝毫的倦怠、半点的疏忽。之后，欧阳修在各地辗转做地方官多年，史书中说他“不现治迹，不求声誉”，每到一个地方都留下了深受百姓拥戴的政绩。他不扰民，不求治迹，也不追求声誉，却博得了一些官员想得而又得不到的政声。

范仲淹又被起用了，他想招欧阳修前去担任掌书记，并已奏请朝廷获得同意，但欧阳修却叹道：“我当时为范公仗义执言，难道是为了自己的私利吗？和他同退可以，同进就不必了。”竟然推辞不去。他的品德令皇帝为之敬重，也远播到国外。日后，欧阳修奉命出使契丹，受到四名贵臣陪宴的礼遇，契丹方面解释说：“这不是常规的礼制，完全是因为您名重一时才这样接待。”

二

康定元年（公元 1040 年），欧阳修经过四年的贬谪生涯，重回开封，升为集贤校理。

庆历三年（公元1043年），宋仁宗召范仲淹、富弼等大臣寻求拯救危局的方略。范仲淹写了著名的《条陈十事》，建议采取各种改革措施，如严格官吏升降制度、限制官僚子弟做官特权、减轻徭役等。欧阳修力挺范仲淹，同时建议实行“按察法”，选精明强干的人做按察使，监察各路和州、县官吏，定期向朝廷报告。范仲淹的条陈和欧阳修的建议，一度被宋仁宗采纳并颁行全国，号称“新政”。

可是，保守势力借“朋党”之说在朝中大造舆论，诬陷范仲淹等人结党营私，搞自己的小圈子，图谋架空皇上，要求罢免革新派的职位。欧阳修被这些狭隘小人的阴谋伎俩激怒了，他不顾劳累，连夜奋笔疾书，向皇帝奏陈“小人无朋”和“君子有朋”的道理，这就是尖锐犀利、文情奔放、有理有据的《朋党论》。

遗憾的是，不管欧阳修的陈词多么恳切、说理多么充分、罗列的事实多么有说服力，宋仁宗还是一道圣旨，罢免了杜衍、范仲淹等四名革新派官员的官职，“庆历新政”草草收场，保守的豪族官僚重新得势。由于欧阳修在《朋党论》一文中引用大量的历史事实，说明国家的兴亡治乱和朋党的真实关系，给政敌以致命的打击，所以遭到那些奸邪小人的记恨。就在革新派下台后不久，保守派便借欧阳修的外甥犯罪下狱之机罗织他的罪名。

守旧派将矛头对准欧阳修，伪造了所谓的“张甥案”，说欧阳修与外甥女有不正当关系。欧阳修的外甥女张氏嫁给了欧阳修的堂侄欧阳晟，却与欧阳晟的家仆陈谏私通。奸情败露后，由开封府进行审理。张氏为了开脱自己，反咬舅父一口，说未嫁时就与欧阳修有私情。这件事一直闹到朝中，欧阳修上疏为自己辩护，说他妹妹携孤女来投奔自己的时候，张氏才10岁。而中书舍人钱勰素来跟欧阳修有仇隙，这时举出欧阳修所作的一首《望江南》词为证：“留取待春深。十四五，闲抱琵琶寻。堂上簸钱堂下走，恁时相见已留心。何况到如今。”这首艳词于是成了欧阳修生活作风问题的铁证。

因张氏案件牵连，欧阳修被贬赴任滁州。滁州在长江和淮河之间，山高水清，地僻事简，民俗淳厚，欧阳修很喜欢这儿。

滁州西南有琅琊山，欧阳修常携酒前往，在美酒和水光山色中，他忘记了被谤遭贬的羞辱，忘了自己的太守身份，忘了自己刚满40的年龄，自称“醉翁”。他沉醉的场景，不同于朝堂上下的角逐，不同于洛阳幕府的宴饮，是简单质朴的“与民同乐”。

宋代大儒朱熹讲，有人曾买到《醉翁亭记》这篇散文的初稿，开头讲四方诸山，共数十字，后来改定稿只余“环滁皆山也”五字。朱熹认为“改到妙处”。《醉翁亭记》笔墨清新，语言酣畅。宋代著名词人秦少游说其是赋体，却无雕琢。该文一口气用了21个“也”字，音美韵长，如潋滟的秋波和澄澈的春水，委婉清浅，气度雍容。

该名篇当时已广为流传。音乐家沈遵被它吸引到滁州来，将其谱成琴曲《醉翁吟三叠》，知琴者以为妙绝。十年之后，欧阳修与沈遵见面，夜阑酒半，沈遵再次为他弹奏。

欧阳修单纯、清高、正直、善良，把人的品行操守看得很重；他专注、痴迷、浪漫、热情，把人的生存境遇当成自己的境遇去体验。《醉翁亭记》里那个“苍颜白发、颓然乎其间”的40岁“醉翁”，真真正正是他优美、自然天性的充分展现。

欧阳修的人格精神里总是有文人的性灵在起决定作用，因此他的投入是全身心的投入，即使是游山玩水，即使是地方小吏，欧阳修也是玩真的干实的。人文主义的情怀是温暖的、多情的、充满爱意的并由此及彼的，而官场上排斥的恰恰就是这些东西，官场上要的是虚假莫测，官场上要的是云谲波诡。如果你想“人文”到底，就不要做官；如果你不改变，那就必定成为悲情人物。欧阳修不明白，在以儒家价值体系为主导的中国官场上，为道德理想提供形而上学的合法证明是一回事，而现实可行性却是另一回事。

后来，欧阳修由滁州改守扬州。在扬州的日子里，欧阳修漫步在花草葱茏的庭院，来到堂前凭栏远眺，远处的江南山峦尽收眼底。他马上乐了：嘿，即使再高再远的山，也不过与我这个堂一样高啊。于是口吟“远山来与此堂平”，命名此堂为“平山堂”。

三

至和元年（公元 1054 年）六月，欧阳修受命回京，这时他离开京都已近十年。宋仁宗眼见这位庆历旧臣已近半百，也未免有恻然之叹，次年便提拔他为翰林学士、集贤殿修撰，官正三品。

欧阳修担任翰林学士以后，积极提倡改革文风。有一年，京城举行进士考试，朝廷派他担任主考官。他认为这正是选拔人才、改革文风的好机会，在阅卷的时候，发现华而不实的文章，一概不录取。考试结束后，有一批人落了选，他们对欧阳修十分不满。一天，欧阳修骑马出门，半路上被一群落选的人拦住，吵吵嚷嚷地辱骂他。后来，巡逻的兵士过来，才把这批人赶跑。经过这场风波，欧阳修虽然受到了一些压力，但是考场的文风还是发生了变化，大家都开始学着写内容充实、文风朴素的文章了。

嘉祐二年（公元1057年），欧阳修依新标准录取进士的事被称为科举史上的盛举。其中大多数被录取的人在此后几十年里，都成为北宋的名臣。这批进士中，《宋史》有传的共22人，日后做到三品以上高官的有9人，其中包括苏轼、苏辙兄弟；做到副宰相以上的有7人。不仅如此，宋朝几大学术流派的重要人物，如“洛学”的程颢，王安石“新学”的重要成员吕惠卿、曾布等，都在这次科举中同时被取。而后来的所谓“唐宋八大家”，有三人也是这一届科举同时被录取的考生，即苏轼、苏辙两兄弟和曾巩。欧阳修所提倡的“古文运动”，对于后世文风的改变有很大的作用。欧阳修任主考官时，虽然诗赋考试还没有取消，但已经不是很重要了。苏轼被录取，靠的也是文章，而非诗歌作品。我们很难想象，如果没有欧阳修这一次利用科举大力整顿文风，后世的文章会变成什么样。欧阳修凭借自己在文坛和学界的领导地位，礼贤下士，以身作则，奖掖人才，汲引后进，以扶植文士为己任，影响并聚合了一大批青年学者和文学家，使他们成为诗文革新运动的基本力量。

欧阳修将帝师身份和君臣身份由矛盾对立变为和平共存，从生存空间和审美空间进行了区分，使自己自觉生活在两个不同的空间中。从最初写作《与高司谏书》，到庆历年间写作《朋党论》以及一系列政论文章，欧阳修在权力空间中都是以君子和小人作为他评价人的标准。他认为只有铲除小人、保留君子，才能使国家政治清明。欧阳修在审美空间中的言说显得情意绵绵，充满了对生命的感慨和对人情的体验。宋儒以“人情”阐释儒家经典，始自欧阳修《诗本义》《易童子问》等著述，而欧阳修标举的“人情”，依循的正是圣王之教。“人情”被圣王视为耕种礼义仁乐的田地，欧阳修积极关注“人情”，而对理学家们津津乐道的“人性”则不感兴趣。欧阳修的人情观深层次地影响到他的文学观念及创作，他强烈呼吁写文章是为了“明道经世”，维护平易畅达的文风，而对生涩怪癖之风加以贬斥，对浮华形式之风予以鞭挞。欧阳修坚守这些主张，分别与他对《春秋》和《诗经》的看法有着深层的关联。

官位显赫终不能替代著书立说，一旦想到生命的消亡，有无足够的立言之作竟然成为欧阳修巨大的心理压力。即使有相当的社会地位，仍不免庸人之虞，文章在欧阳修心中的分量可见一斑。在欧阳修看来，如果说不朽意味着必须以时间来检验的话，那么显赫功业自然更奏效于当世，而文章则以一种特殊的存在能够实实在在流传千古。他在答梅尧臣的诗中说：“功施当世圣贤事，不然文章千载垂。”孤立地看，此语似乎未摆脱常见的失意者的自慰心态，但联系欧阳修在其他大量文字中的表述，就能感觉到流露在“当世”与“千载”二词之中十分真切的生命感受。他在自觉强调文章必须明道原则的同时，又意识到，正是儒道的经典性、永恒性为文章带来了传世的生命力，使立言以垂乎后世的意愿有了切实的保障。他特别指出儒家经典“非一世之书，其将与天地无终极而存也”，称儒道“能亘万世可行而不变也”，那么载道的作品自然也会与道一样长存。

四

欧阳修的霉运又来了。这一次发生在宋英宗治平年间，还是与绯闻有关，让“文章太守”在朝野上下陷入了无比难堪的境地。

公公与儿媳“扒灰”，无论古今都属不伦之恋，所以，政敌攻击欧阳修的一个最阴险的手段，就是玷污他的私生活。

当时欧阳修妻子的堂弟薛宗孺犯了事，受到弹劾，薛宗孺本来希望欧阳修在皇上面前美言几句，为他开脱，不料欧阳修却上书要求严肃处理。薛宗孺大为光火，就造谣说欧阳修与其大儿媳吴氏有染。和欧阳修有宿怨的朝廷官员蒋之奇拿这事儿做起文章，出示的证据又是欧阳修的一首名为《醉蓬莱》的轻薄艳词“见羞容敛翠”，欧阳修气得几乎吐血。诸大臣为他辩护，连刚做皇帝的宋神宗都写信给他，表示对他的品德毫不怀疑。但欧阳修仍大病一场，病愈后心灰意懒。尽管蒋之奇遭黜，可他实在不想在京城待下去了。年近60岁的欧阳修一再告老，后终老于颍州。

桃色事件对欧阳修确实有一种特别的杀伤力，而他又总是被这类绯闻轻易击垮，之所以如此，是因为欧阳修有软肋。欧阳修喜欢与妓女玩乐，他曾发明一种传花喝酒的游戏，就是让一位妓女拿一枝花，传给酒宴上的客人，每传到一位客人手中，这位客人就摘掉花上的一片叶子，谁摘光了这枝花的最后一片叶子，就罚谁喝酒。客人们玩得很高兴，往往夜半尽兴才归。可以肯定的是，这样的酒会上，没有美丽妖娆的妓女，摘叶传花的游戏是不会玩得热火朝天的。

他是性情中人，天性率真，不拘小节，只要能写出好文章，就是天天和歌伎泡在一起也不在乎。他写出的“艳曲”，歌伎们都爱传唱。欧阳修这种恣意享受、无所顾忌的态度，表现在词之创作上，便是写出了大量所谓“艳词”。

欧阳修不虚伪，也不回避。人性中的“黑洞”，谁也无法避免，文人被叫作“骚客”也是有依据的。纵然是欧阳文忠公，也会有种种的花花肠子，否则他写不出《蝶恋花》：“庭院深深深几许，杨柳堆烟，帘幕无重数。玉勒雕鞍游冶处，楼高不见章台路。”

从诗词承袭的角度而言，“艳词”沿袭“花间词”与南唐词风的传统，抒写惜春赏花、恋情相思、离愁别恨等情感。但欧阳修个性张扬，在歌词创作中表现出鲜明的创新精神，在描写男女情爱时，自然舒畅、大胆开放，率意表现自己的性情。

欧阳修的所谓“艳词”里不乏精品。他写这类词，和在好友梅尧臣面前脱冠散发、傲卧笑谈一样，也是脱去面具，尽显风流蕴藉。“去年元夜时，花市灯如昼。月上柳梢头，人约黄昏后。今年元夜时，月与灯依旧。不见去年人，泪满春衫袖。”这首《生查子·元夕》与他的诗文相比，简直判若两人，以致有人将此误为女词人朱淑真的作品。

他的名作《玉楼春》中写道：“人生自是有情痴，此恨不关风与月。”作者清醒地认识到，离别的歌不要再翻新曲了，因为一曲已令人肠断。词人却又宕开一笔：“直须看尽洛城花，始共春风容易别。”他和同伴相约，一定要在赏尽洛阳名花之后，才与春风一道毫无遗憾地离去。

欧阳修50岁以后，这类艳词越写越多。他晚年官运亨通，步步荣显。在那些荣升通达的日子里，虽然他曾大考天下兵数及北三路屯戍状况，研究加强国防与平均赋税的办法，但“两上司谏书”时的英气和“庆历新政”时的锐气已经不再，政治上也再无大的建树。熙宁三年（公元1070年），64岁的欧阳修由知青州改知蔡州，这时，那个充满朝气、奋力拼搏的欧阳修早已不存在了。

五

嘉祐四年（公元1059年）秋的一天夜里，欧阳修在私第窗下闻秋风有感，写了一篇《秋声赋》，借肃杀之秋景，抒发其惆怅心情，由秋风联想到万物之凋零、岁月之易逝，从而感叹世事之艰辛、人生道路之坎坷多难。《秋声赋》表达出作者强烈的生命意识。自然界的四季，生长收藏，冬去春来，周而复始。自然之秋，成熟肃杀，令人感叹。可人生之秋、生命之秋呢？生命之秋，中动精摇，病痛衰老，走向死亡，更加令人悲伤叹息。《秋声赋》是作者宦海沉浮、饱经忧患的人生哀叹，是疲惫心灵的倾诉。他本是文人，最不擅长政治，却最喜欢过问政治，这是一个儒家知识分子一生的悖论。《秋声赋》是悲秋赋，更是伤心赋。欧阳修正是在这篇文章里表现了他从激进渐趋保守的思想历程，从而产生了强烈的退隐之念。

欧阳修老了。人总有老的一天，那一天来得太不经意。在经历了许许多多的起落、盛衰之后，他在“君王殿后”看到了一丝艳丽的鞓红，那是年少时的盛游，记忆中的洛阳牡丹灿然怒放。在政治家、经学家、史学家、文坛宗主等表象背后，与一般宋人笔记和文学史所显示的大相径庭，欧阳修的人生底色其实是哀痛与孤独。

现在，轮到他对更年轻的一代表明政治立场了，那就是他对“王安石变法”的保守立场和打压态度。欧阳修觉得自己比王安石看得更清楚、更透彻，他只能接受渐进式改革。血气方刚的年轻人啊，不要以为变法就好，有好的变法，也有不好的变法。欧阳修一生都有清明的政治理想，但在王安石“更高、更快、更远”的变法面前，他茫然失措，与韩琦、富弼等“庆历新政”的旧臣一起，纷纷从当年的激进立场转向循守，站在了王安石的对立面。也就是说，当年的“左派”，碰到“极左派”，变成了“右派”。

“右派”欧阳修曾两度上书，奏明强制向农民发放官债青苗钱于民不利，并擅自“止散青苗钱”，坚决抵制国家政策的推行。在变法斗争异常尖锐的时刻，他差点被问罪，不过宋神宗和王安石竟宽恕了他，原因是他已经64岁了，已是一代文宗。

熙宁四年（公元1071年），65岁的欧阳修拿全工资“退二线”，俨然已成勋贵。欧阳修不仅给自己取雅号“六一居士”，还写了一篇《六一居士传》，他说：我家有藏书一万卷，有夏商周三代以来的金石遗文一千卷，有琴一张，有棋一局，还有酒一壶，再加上我这一老翁，岂不是“六一”吗？

“轻舟短棹西湖好”，欧阳修如愿以偿得以归隐，终日荡桨泛舟在颍州西湖之上。绿水蜿蜒曲折，长堤芳草青青，春风中隐隐传来柔和的笙歌。水面波平如镜，不待风助，小船已在平滑的春波上移动。欧阳修的《采桑子》一共写了十首，皆以“西湖好”为首句，可见，身心憔悴、屡经官场动荡的欧阳老人，回归自然之后是多么欢欣。那不是一般意义上的欢欣，他真的醉了，沉醉于人生终极的欢情，他成为最彻底的“醉翁”了。

仅仅一年之后，这位“六一居士”即撒手辞世，他期盼了20年的退隐颍滨之乐享受了还不到一年。

苏舜钦：近水远山皆有情

一

沧浪亭与帅哥苏舜钦的名字联系在一起。苏舜钦的故事不怎么好玩，与风月情色无关，与翻云覆雨的政治却息息相连。

苏舜钦生活在一个有较高文化素养和锐意进取的家庭，自小慷慨有大志。有显赫家世，有进士出身，有多年的基层官员经历，文采斐然，他的行草书法又独领风气之先，人长得又帅，这就使宋仁宗庆历四年（公元 1044 年）苏舜钦凭着“馆阁”这一掌管图书、编修国史的台阶跨进了北宋政权核心地带。

苏舜钦如五陵少年，骏马青衫，醉眠芳草，狂歌院落。据说舜钦年轻时在北宋宰相杜衍家居住，每晚要独自饮酒一斗，且无须下酒菜。杜衍听了不信，吩咐人去看，那人回来汇报说，只见苏舜钦正津津有味地朗读《汉书·张良传》。当他读到张良狙击秦始皇，误中副车时，苏舜钦拍案大叫道：“可惜啊，怎么就没有击中秦始皇？”

“位卑未敢忘忧国”，苏舜钦曾多次直接向当局上书批评时政，要求开通言路，惩治弊政，得到范仲淹的赏识。范仲淹推荐苏舜钦负责进奏院的工作，宰相杜衍也赏识苏舜钦的才能，将女儿嫁给了他。

庆历年间的东京汴梁一片生机勃勃，北宋王朝刚刚解除掉尴尬的战争威胁，正是人心思变、士风张扬的时期。随着欧阳修等一批文人逐渐走进政治前台，在汴梁文人的诗酒雅集中，为人率真的苏舜钦担任着重要的角色。率真的人可亲可近，率真的人也自有弱点，年少得志，就容易张狂，这是率真文人的通病。

因边境吃紧，仁宗皇帝“欲更天下弊事”，专门设置谏官，主张变革的欧阳修入选。接着，皇帝提拔杜衍为枢密使，又召范仲淹入京为副使。范仲淹、欧阳修的一系列新政主张，为宋仁宗采纳。施行新政，遭到守旧派的反扑。但杜衍位高权重，不便直接冒犯，就暗暗把矛头对准了杜衍周围的人，厄运因此就降临到苏舜钦头上了。苏舜钦年少气盛，锋芒毕露，又是杜衍的女婿，为官后又多次上书给皇帝，纵论时政得失，政治主张比范仲淹还激进。守旧派对苏舜钦这样一个“狂妄小子”，早就视为眼中钉了，必欲除之而后快。

“公款吃喝”和“文人狎妓”都算不得什么大事，但是，在政治斗争的天平上，这些全成为可大可小的砝码。

苏舜钦所工作的进奏院是一个文书中转机构，日常工作就是转抄、拆封文件，每天都产生一大堆封纸报废。由此，卖废纸便成了进奏院预算外收入的“小金库”。

宋仁宗庆历四年（公元 1044 年）秋，恰逢赛神会，苏舜钦与同僚动用卖废纸的银两，筹划了一个大型酒会，宴请宾客。苏舜钦不仅邀请了京城里的一些名士，还请了两名“女伎”助兴。为示公私分明，苏舜钦还自掏腰包，拿出十两银子，作为喝酒钱，被邀请的客人也被要求拿出数量不等的喝酒钱。当时太子中书舍人李定听说后，也想出钱参加，苏舜钦打心眼里瞧不起他，说了句讽刺话，指出他是因父荫得官，是上不了正席的“蒸馍饼夹”，就不要来凑什么热闹了。苏舜钦太不低调，轻狂伤人，无礼伤人。吃了“闭门羹”的李定正是郁气难平，他将苏舜钦公款吃喝、招伎玩乐的腐败行为添油加醋到处渲染，弄得满城风雨。守旧派得知后，找到了把柄，趁机捏造罪名，竭力诬陷苏舜钦“监守自盗”。

苏舜钦入狱受审，狱墙四壁散发出阴湿的气息，审讯时酷吏的诘问寒气逼人，个体尊严受到残酷的摧折。你苏舜钦不是状貌奇伟、狂放不羁吗？你经得起血肉模糊的刑具吗？经得起一次次生不如死的昏厥吗？昨天，皇上想御用你，你是相貌堂堂的达官贵人，今天，皇帝不喜欢你了，你就是蓬头垢面的阶下囚犯。

从狱中出来，参加宴饮的十余人一同被贬，苏舜钦以主犯被削职为民。

二

新政宣告流产。宋仁宗改革的初衷本是为了解决财政危机和军事危机，但是，如果以牺牲皇帝“家天下”的利益来实现富国强兵，帝王当然不能答应，而庆历新政却恰恰触犯了皇室利益。书生们傻，又偏执一根筋，皇帝的“家天下”，你们自作多情地捍卫它的风清月朗，还要自作聪明地去策划它的长治久安。

范仲淹被免去参知政事一职，欧阳修被贬滁州。而苏舜钦被削职为民后，流寓江南，定居于苏州。这一年欧阳修 39 岁，苏舜钦 38 岁。

苏舜钦早就喜爱苏州盘门一带的风景，曾在《过苏州》一诗中写道："东出盘门刮眼明，萧萧疏雨更阴晴。绿杨白鹭俱自得，近水远山皆有情。"他也不乏禅意，《淮中晚泊犊头》中曾写过："春阴垂野草青青，时有幽花一树明。晚泊孤舟古祠下，满川风雨看潮生。"这回他在府学东边发现一块弃地，那里草木葱郁，附近还有荒芜的池馆。他花了四万钱将它购买下来，加以修葺，还在水旁筑亭，取《楚辞·渔父》中"沧浪之水清兮，可以濯吾缨；沧浪之水浊兮，可以濯吾足"之意，将此园命名为"沧浪亭"。

沧浪亭前竹后水，景色苍润，他从此过起了登舟容与、举觞舒啸的退隐生活。他常常摇荡着小船，穿着轻便的衣衫到亭上游玩，到了亭上就洒脱地忘记回家，在这人迹罕至的地方，只与鱼鸟同乐。形体得到了休息，心灵得到了净化。看到的、听到的没有邪恶，那么人生的道理就明白了。回头来反思从前的名利场，每天与细小的利害得失相计较，同这样的情趣相比较，岂不是太恶俗了吗？

天晴日霁，鸟悦花芬。江南的秀媚抚慰了汴京的狠戾。在自然的怀抱中，复苏了生命，也把水乡的灵气，注入了诗文。他写下《沧浪亭》诗："一迳抱幽山，居然城市间。高轩面曲水，修竹慰愁颜。迹与豺狼远，心随鱼鸟闲。吾甘老此境，无暇事机关。"

也学李太白，诗酒风流，酒狂常为诗狂，《对酒》诗中云："予年已壮志未行，案上敦敦考文字。有时愁思不可掇，峥嵘腹中失和气。"不同的是，李白将激愤一吐为快，转化为一泻千里的诗行，从不在心底郁积半点愁苦。苏舜钦性情原本就刚烈，因"进奏院事件"受到打击，30多岁就郁郁不得志，难以排遣失意的苦闷。

幽居闲吟，沧浪之水纵然清美，心里还是愤愤不平，还是念念不忘。等啊等，皇上啊，你真的忘了我吗？你真的怀疑我对大宋朝廷的一片忠耿之情吗？看不透啊，儒家的文人视人生的价值为圭臬。庆历八年（公元1048年），长期抑闷不平的苏舜钦忍不住上书鸣冤。有了结果，朝廷为他平反昭雪，复职为湖州长史。可惜的是，还没去上任，41岁的苏舜钦就因病逝世，终老沧浪亭。这个迟到的平反，为苏舜钦的一生画上了一个戏剧性的句号。

苏舜钦下葬的那一年，重返朝廷的欧阳修官也越做越顺，政治上也变成保守派。像当年那些保守派排挤他们一样，他也开始打压更加年轻、血气方刚的一代新人，带头反对王安石变法。

哪有什么清风朗月啊，等来的只能是光阴轮回。

苏轼：小舟从此逝

一

故乡的岷江渐去渐远，青衣江、大渡河清冽澄澈，合流的三江水奔腾浩荡，轻舟从乐山大佛脚下一掠而过，进入了空阔坦荡的一马平川。西蜀的山水间走来了这位风骨绝代的青年，从此照亮了大宋的天空。他丰神俊朗，一袭青衫，目光深邃，温良冷峻。这就是苏轼。

这是宋仁宗嘉祐四年（公元 1059 年）。苏氏父子已名动京师，文章传扬天下。苏洵的两个儿子苏轼、苏辙已中举。苏家兄弟的才华令宋仁宗叫绝：大宋何幸，得此奇才。他连声惊呼"我为子孙得了两个相才"。苏轼的文才更让当时的文坛领袖欧阳修惊叹不已，断言这位年轻人的文章日后"必独步天下"。

因为慈母亡故，所以苏轼、苏辙兄弟返回四川眉山奔母丧后，又随父亲苏洵再赴京都。父子三人取岷江水路，出蜀出峡，直下江陵。24 岁的苏轼遍览山川形胜，趁舟中无事，写下《出峡》："入峡喜巉岩，出峡爱平旷。吾心淡无累，过境既安畅。”尽管故乡渐远、水天渺茫，可被他青春的心灵捕捉入诗的意境却是一片清旷宁寂。旷荡的万里平川，野市的过行僧客，钓台黄昏的袅袅烟雾，丝毫搅不起诗人眼前作为客体的一片江水，也拨不动作为主体的诗人年轻的心弦。

此时的苏轼正是对前途充满了幻想与憧憬的年龄，他的内心应该是欢快明亮的，可他的诗作并不能给人留下如此印象。出蜀经过三峡，青年离乡远游的苏轼却是少年老成。

在父亲苏洵中庸、内敛、严整家风的熏陶下，通过科举追求功名成为苏轼兄弟年少时的目标。为了所向往的功名事业，苏轼在文章中盛赞孔孟。知子莫如父，从父亲给二人所起的名字上，就可以看出兄弟二人性格的差异了。“轼”是车前的横木，锋芒毕露；而“辙”是车轮碾过的印迹，深沉不露。苏轼年轻时怀抱着兼济天下的理想与热忱，在赴京途中写的《荆州十首》，毫不掩饰对于仕宦前景的旺盛企图，苏轼心怀无比的济世热情，吐露了有志之士理当“为所当为”、绝不轻退的远大志向。这使后来的大多数研究者相信，苏轼早年的思想是“奋励有当世志”的儒家进取精神，他们认定苏轼的遁世思想是日后在其仕途受挫以后形成的。然而，他晚年的两封书信《与王庠书》《与刘宜翁书》则清晰地表明：早在年少时，苏轼就已在思想深处埋下了逃世的种子。

苏轼 8 岁到乡塾读书，并且拜眉山道士张易简为师，他先诵读《老子》，“玄之又玄，众妙之门”，随后又研读《庄子》，产生心性的强烈共鸣。苏轼深受道家智慧的影响，信奉造物无为，道亦无为，造物即自然，道亦即自然，造物无为而无不为，道无处存在而又无处不存在。同时，苏轼从所读的史书中了解到历史治乱的无常、盛衰之迹的混乱，从理论上对官场的倾轧、忠奸的斗争、帝王的寡恩与专制，满怀悲观，从本心上不愿踏入仕途，更想隐遁林泉。

像从古至今无数离开乡村奔赴城市的年轻人一样，苏轼胸怀取天子爵禄的自信，难以抗拒“富贵在我前，安能守贫贱”的诱惑，但并不意味着他没有犹豫和踟蹰。苏轼喜欢穷究天理，对人生意义进行哲学层面上的探讨，一旦触及人生虚无的本质后，自然而然地会消解谋取功名的动力。因此，此时苏轼的身影是彷徨的，他的人生体味多了一份与年龄不相称的悲凉。

两年后，也就是嘉祐六年（公元 1061 年）的秋天，苏轼、苏辙兄弟以进士身份一同参加制科考试，寓居汴京城的怀远驿。夜半风雨大作，二人诵读韦应物的诗句后感慨甚深，相约“功成身退，夜雨对床”。他们约定，日后早早退休，过闲居的快乐生活。此时，兄弟俩还没有正式出仕，且正值青春年少，正是充满一展平生宏图希望的时候，而他们却希望尽早回家团聚，对床而眠，共听潇潇夜雨。一般来说，青年时的这种誓约是不能当真的，常常是一时心血来潮。但这一夜的情景与誓约却永远铭刻在苏氏兄弟的心灵深处。在他们以后长达 40 年的分合岁月中，“夜雨对床”无时无刻不萦绕在苏轼、苏辙兄弟的心头，成为他们在聚散沉浮中一直念念不忘的人生之约。

人生的荒谬就在于，你一生注定要远离挚友亲朋。大多数时间，你要与无数不相干的人产生无数不相干的瓜葛，进行无数不相干的周旋，度过无数不相干的年月。更无奈的是佛教“八苦”中的“怨憎会苦”，它指人的一生中总是会遇见所憎恶的人和事，本求远离，而反集聚，层出不穷，此起彼伏。

二

苏轼25岁时通过制科御试，以大理寺评事赴凤翔府签书判官。赶往凤翔上任前，他与弟弟苏辙在郑州西门分手，写出：“人生到处知何似？应似飞鸿踏雪泥。泥上偶然留指爪，鸿飞哪复计东西。”初次出仕，本该踌躇满志，他却写下如此充满人生空漠感的诗句。这四句用的比喻与《五灯会元》中宋初著名云门宗传人天衣义怀禅师“雁过长空，影沉寒水，雁无遗踪之意，水无留影之心”的话极为相似，苏轼性灵所发的小小诗作显然受到禅宗般若空观的影响。

苏轼迈出了出仕的第一步。凤翔位于陕西西部，靠近渭水，因和甘肃南边的强邻西夏纠纷迭起而人力缺乏、民穷财尽。首次做官的苏轼在这里签署文件、审判讼案，工作之余也到处察看。他在这里做的最重要的事，就是为饱受旱灾之苦的百姓求雨。他要亲自撰写祈文，爬上高高的太白山顶去祈祷，和百姓一起焦急地等待，还要和太守沐浴后迎接“龙水”。下雨之后，他将官舍后面的亭子命名为“喜雨亭”，并写下《喜雨亭记》。

父亲苏洵去世，苏轼服丧一年多，居丧之后他回到京城，原以为可以重新有机会实现他为君、为民的政治理想，但是从一开始他就不由自主地卷入了一场新旧党派的争斗当中。他遇到了与他同样满腔热忱的王安石。王安石不是政客也不是小人，只是他的思想太超前了。苏轼觉得王安石太有激情，为大宋下的药太猛，药太猛不但不能治病，反而可能死人。从王安石的变法运动开始，苏轼就一直关注着变法在民间的影响，他看到变法并没有像预期的那样向着利国利民的方向发展，反而给百姓带来深重的苦难，对于变法派的急功近利、不计后果，苏轼坚决上书反对，忠言谠论，直而不随。苏轼认为问题的关键不在于法制，而在于吏治，他希望能以比较温和的方式改革，变法应逐步实施，而不能像王安石的变法那样急于求利。所以他不断上书神宗，呈奏《议学校与贡举札子》《谏买浙灯状》，后又上《上皇帝书》及《万言书》，但都未被宋神宗接受。苏轼因而成为当时反对王安石等新法派的旧法派中的一员，在政治上受到了排挤，甚至还有人诬告苏轼贩卖私盐。这样的结果使他像那些因反对变法而被迫离京的师友一样不容于朝廷。于是苏轼自求外放，调任杭州通判。

宋神宗熙宁四年（公元1071年），34岁的苏轼带着满腹遗憾出任杭州通判。一到杭州，他就惊叹“故乡无此好湖山”。余杭的山山水水无处不悦人意，无处不美如画卷。久负盛名的西子湖令苏轼左顾右盼，远观近瞻。西湖在苏轼的眼里，美得有气派，美得有气势。那乍雨乍晴的时令，更是别有一番情致，西湖把他给迷住了，西湖的美摄魂牵魄，令苏轼倾心相与：“水光潋滟晴方好，山色空蒙雨亦奇。欲把西湖比西子，淡妆浓抹总相宜。”在描写西湖绝世美景之中蕴藏着浓浓的禅意。禅宗有言：“菩提自性，本来清净”，意为诸有情众生原是平等，万事万物本无差别。在苏轼眼中，无论西湖是晴也好，是雨也罢，本是一般，何有分别？若是偏好晴空或是雨色，便是起了分别心。

他和圣山寺佛印和尚成为好朋友，两人饮酒吟诗之余，常常开玩笑。这天苏轼与佛印到灵隐寺玩，经过飞来峰附近，苏东坡故意问佛印：“法师，知道这是什么山吗？”佛印说：“飞来峰啊。”苏轼又问：“既然飞来，何不飞去？”佛印说：

“一动不如一静。”苏轼再问：“为何要静？”佛印说：“既来之，则安之。”苏轼无话可说，心服口服。

像一般的士大夫阶层中人一样，苏轼经常面临得失、荣辱、进退的纠结，但他却能从理性上排解，从更广阔的角度认识万物的差异与等一，从而寻求更高的生命价值。苏轼的这种理性思辨得益于佛教的无常、苦空观与禅宗的心无所住、心不着一物的顿悟禅。佛家的无常、苦空、无我可以说是苏轼此时的安心之法。苏轼首次停留杭州期间的诗作中，已经处处充盈着这种禅意：“盛衰哀乐两须臾，何用多忧心郁纡。溪山处处皆可庐，最爱灵隐飞来孤。”

十多年里，苏轼辗转于杭州、密州、徐州。处江湖之远的苏轼没有忘记兼济天下之志，他关心民生疾苦，惩办悍吏，灭蝗救灾，抗洪保堤，改革邑政，惠民于实际。他这人，不像一般的死读书、讲空话的文人，他上可读书作文，下可耕田为政。他一心为民服务，真正做到利为民谋、权为民用、情为民系，把这三个地方搞得风风光光，成为当时的魅力城市，他自然也就是最富魅力的市长。

苏轼到密州任职时，恰值北方连年大旱、蝗灾泛滥。天灾固然严重，人祸亦十分深远。王安石新法在实施过程中由于用人不当、操之过急等，给百姓带来了更大的伤害。在天灾人祸交加的情形下，密州出现了“岁比不登，盗贼满野，狱讼充斥”的局面。为了拯救百姓于水火之中，苏轼采取了一系列有效的救助措施。他上书朝廷，为民请命。面对蝗灾，他通过访问田夫野老吸取治虫经验，主张用火烧、用泥深埋的办法果断铲除蝗害，并且动用部分仓米来奖励捕蝗的人。由于连年饥馑，百姓生命难继，许多人不得不忍痛把嗷嗷待哺的儿女抛弃道旁。他命令州府的官员都到野外去捡拾弃婴，自己也“酒涕循城拾弃孩”，仅州府中就收养了近40名弃婴，他把这些弃婴分别安排到各家抚养，政府按月给予抚养费，两年内救活了数十名弃婴。

经过一年多的奋战，密州的各种灾情基本得到控制。苏轼终于可以在公务之暇登山临水，遍览密州境内的名胜古迹。他多次到位于常山东南的黄茅冈一带会猎习射，留下著名的《江城子·密州出猎》词作：“老夫聊发少年狂，左牵黄，右擎苍，锦帽貂裘，千骑卷平冈”，“会挽雕弓如满月，西北望，射天狼”。该词描绘了会猎的壮观场面，句句充满生命力的舒展和雄性的力量，看上去是表达词人忠心报国、愿亲赴西北边疆抗击敌寇的壮志豪情，实际上是对自己被压抑的家国情怀的委婉表述，也是他对自己在政治上被边缘化的一种愤懑的抒发。

到密州的唯一安慰是与在济南做官的弟弟苏辙离得近了，可是苏轼这时的心情是复杂的，他在《沁园春·赴密州·早行马上寄子由》词中写道：“世路无穷，劳生有限，似此区区长鲜欢。微吟罢，凭征鞍无语，往事千端。”他在秋天的清晨离开旅店，踏上征程，心情甚是凄凉寂寞，郁郁寡欢。这使他不禁回想起当年与苏辙赴京应试时的情景，他们就像晋代的陆机、陆云兄弟一样，才华横溢，雄心勃勃，欲致君尧舜，大展宏图。但后来由于与宋神宗、王安石政见不一，只好遵循儒家“用之则行，舍之则藏”的处世哲学，远离京城，悠游度日，诗酒自娱。希望报效君王而又怀才不遇的凄凉伤感和他浮生若梦的老庄思想以及豪放不羁的文人骚客情怀构成了词作的全部灵魂。也是在密州，他写下千古名篇《水调歌头·丙辰中秋》，他伤怀感喟：“明月几时有？把酒问青天。不知天上宫阙，今夕是何年。我欲乘风归去，又恐琼楼玉宇，高处不胜寒。起舞弄清影，何似在人间。”在意欲归隐但又害怕“高处不胜寒”的自相矛盾之中，他无可奈何地自圆其说：“人有悲欢离合，月有阴晴圆缺，此事古难全。但愿人长久，千里共婵娟。”他围绕中秋明月展开形而上的沉思，把人世间的悲欢离合之情纳入对宇宙人生的哲理性追寻之中。

三

熙宁十年（公元 1077 年）的秋天，徐州发大水，苏轼处变不惊，出色地组织了抗洪工作，保全了徐州城。洪水退后，苏轼又上书朝廷，请求免除徐州赋税，增筑外小城。第二年，朝廷下拨钱粮用于城防设施建设。徐州城外蕴藏着丰富的煤炭，但历来无人知晓。苏轼到徐州后，便不失时机地派人寻矿，终于在徐州西南 50 里的白土镇发现了品质优良、储量丰富的煤田。宋神宗元丰二年（公元 1079 年），苏轼接到调任浙江湖州的诏命。徐州父老闻知苏太守要调离徐州，纷纷攀挽马头，甚至割截他的马镫，不愿让他走。父老向他献酒献花，倾诉抗洪救灾中凝结的情谊。种种感激的语言，引得苏轼也不禁热泪潸然。他在诗中告慰父老说：“暂别还复见，依然有余情。”没想到此别竟再也不曾重回彭城，而徐州人则一直念念不忘这位清官廉吏。

他用情执政，以理行政，将儒学的入世精神贯彻在日用人伦之中，忧与民同，乐与民同。他最关心的不是自己的政绩，而是天下苍生的安居乐业。苏轼的知行合一体现在，对他人的仁爱不是停在纸上的道德文章上，也不是停在口头的政治宣言上，更不是动机不良的利益诱惑，而是给予别人最实际的帮助和最现实的庇护，是“推己及人”的善意，是“己欲立而立人，己欲达而达人”的诚意。在苏轼的情感和道德世界里，他将儒学的性、情、仁、礼、诚、乐、中庸等范畴贯穿起来，这使苏轼之情成为具体的、感性的情。同时，苏轼之情通向理性，又是具有社会性的道德情感。苏轼对儒家经典和精神的践行，体现他以“人情”为中心，以感性之情求得理性之情的致思方式。他认为圣人之道与人的情感密不可分，情感是人性的体现。正是因为有了情感，才有了仁义礼智信、温良恭俭让等儒者所强调的做人准则。在苏轼的视域里，仁是儒学理论的核心问题，不仅属于道德范畴，更与情感相关。我们可以深信不疑，苏轼正是用这种发乎内心的“情”将儒家与道家、佛禅相互接轨、贯通一体的。

辗转为官的年月间，转眼前妻王弗已去世十年了。苏轼写下悼亡词：“十年生死两茫茫。不思量，自难忘。千里孤坟，无处话凄凉。纵使相逢应不识，尘满面，鬓如霜。”

18 岁那年，苏轼娶了 15 岁的王弗为妻，王弗性格“敏而静”。苏轼读书时，她终日陪在旁边，苏轼若有遗忘的地方，她会及时提醒。古代女子识字的一直很少，苏轼经过试探，方知自己的妻子知书，他又惊又喜，对妻子刮目相看。王弗的贤淑、精明，正好与苏轼的旷达、坦直互补，红袖添香夜读书之余，她还能谈一点自己对文章的见解。

大宋的夜晚和无数个清凉的夜晚一样浪漫，苏轼挑灯读妻，他希望她是一本读不完的书，然而他错了，王弗固执地要他读书，并一夜一夜地陪他熬下去。她理性得很，她要所嫁的男人出人头地，所以陪读的王弗比苏轼还要专心致志。苏轼不由得感动，埋首书本，换得了进士的功名。王弗笑了，大宋那无数个耿耿良夜的美好期盼随岁月湮没。这是一个完美的妻子和一个率性的男人之间无法言说的春宵或者良辰。

苏轼从来就没有花花肠子，他固守着“世间无恶人”的信条。王弗时时提醒他江湖险恶、人心叵测，在苏轼与访客交往谈话时，王弗常立于屏风后倾听，而她对人之性情和为人的看法无不言中，可谓绝佳的贤内助。然而情深不长，王弗与苏轼恩爱生活 11 年后病逝。当年，苏轼从京城一路护送妻子的灵柩回到老家。苏轼在安葬爱妻的山坡上种下三万棵青松。三万棵青松，该是什么样的风景，又要植多长时间？每种一棵，苏轼又是什么心情呢？十年后的今天，苏轼写下中国古代悼亡诗词中最感人肺腑的“十年生死两茫茫”，题为《江城子·乙卯正月二十夜记梦》：“相顾无言，惟有泪千行。料得年年断肠处，明月夜，短松冈。”至今展读，谁能不为之动情？ 10 年之后，那短松冈的松涛阵阵，也在代苏子瞻一哭，记忆深处，王弗依旧清秀端庄，聪敏娴静，在夫君的记忆里于轩窗下梳妆。这首悼亡词能感动中国万千读者，也因为其是心灵的恣情一恸。唯其是恸，方显深挚、方显深厚，方能千古共记这份情重。

四

“乌台诗案”来了，急风暴雨从天而降。北宋的监察机关是御史台，而乌台就是御史台的代称。“乌台诗案”的最终爆发有一个较为长期的酝酿过程。

为了增加国家的财政收入，从熙宁二年（公元 1069 年）

到熙宁五年（公元 1072 年），朝廷陆续实行了均输法、青苗法、农田水利法、事易法和方田均税法。国家在短时间内得到了实际利益，可是这一时期的新法均以“富国”为目的，一切行动都以追求最大的经济利益为出发点，强调高效、快速，不可避免地扩大和加深了对社会下层民众的盘剥，加重了农民负担。苏轼在杭州做通判时作了不少诗讽刺新法，写出了农民同时遭受雨灾和暴政的苦难，表现了对新法扰民的不满。比如讽刺青苗法的执行不力，叙述了官吏强迫农民借钱，然后又在当地开设赌场、妓院，把钱捞回来的丑恶行径。这毕竟是诗，本不应构成罪状，但是围绕新法所进行的严肃的政治斗争已演变成争权夺利的派系斗争，苏轼的诗得罪了那些青云直上的新贵，就难免获罪。支持王安石变法的官员沈括到浙江考察农田水利法的执行情况，就偷偷将苏轼此时的诗歌抄录，还上奏说苏轼的诗歌存在反对“新法”的隐语，只不过当时并没有引起朝廷的震怒。

宋神宗元丰二年（公元 1079 年）四月，苏轼 42 岁，被任命到湖州为官。苏轼在《湖州谢上表》中略微发了几句牢骚，使得一大批“新法”人士对苏轼强烈不满，纷纷上书弹劾苏轼，指责其诗文中的“讥讽文字”是“愚弄朝廷”，要求皇帝将其捉拿下狱。政局形势黑云压城，迫使神宗降旨将苏轼逮捕到御史台。七月，御史台台吏皇甫遵到湖州逮捕苏轼。台吏声色俱厉，把苏轼像提鸡鸭一样押走。历经“拉一太守如驱犬鸡”“如捕寇贼”般极具羞辱意味的逮捕过程，生命有顷刻之忧的苏轼在渡江赴台狱时写下了“壮怀销铄尽，回首尚心惊”，深刻地反映了事件给予他的震撼程度。押解途中，苏轼水路途经太湖和扬州时，两次想跳水自杀。他不知道要被判什么罪，并且怕自己的案子会牵连好多朋友。可再一想，真跳水自杀，又会给弟弟招致更大的麻烦。

路经扬州平山堂下时，身为囚徒的苏轼眼见故友杜介故居“纸窗竹屋依然”，不禁感叹。杜介家只是一间山间小屋。昔日苏轼身处显贵时，并不觉得那里有什么吸引人之处，然而，此时苏轼命如悬丝，回头看这寻常至极的纸窗竹屋，自然会因境况的反差顿悟出黄冠草履的乡野生活的可贵，产生悔仕之心。

乌台的囚室外，雨还在淅淅沥沥地下着。街上的人却不少，人们都要亲眼看一看这个曾经一举高中榜眼、曾经被皇帝大加赏识、曾经春风得意的苏轼。开封城里宽阔而平坦的大路上，一辆囚车在穿行，载着国家栋梁苏子瞻，雨水浇在他身上，也在他心中流淌着。

苏轼被押送到京并直接下狱，紧接而来的是严酷的狱中审问。审讯者常对他通宵辱骂，连隔壁囚房的犯官都被刑囚的哀号声所惊动，可见苏轼受到的刑讯逼供极为残酷。一度以为自己绝对撑不下去甚至再度计划自杀的苏轼在危急中写下两首绝命诗，请狱卒代交给弟弟子由，“与君世世为兄弟，又结来生未了因”，心中充满了凄苦的泪水。在绝命诗中，苏轼自言近况是“梦绕云山心似鹿，魂惊汤火命如鸡”，写出了身在患难、无异于鸡鸭之入庖厨的凶险，写出了惊恐、惶惑、忧惧的心境。

“是处青山可埋骨，他年夜雨独伤神”，对苏轼的审问进行了 130 多天，苏轼的政敌们千方百计罗织罪名，妄图把苏轼置于死地。御史李定、舒亶、何正臣等辈，捕风捉影，小题大做，除了苏轼《钱塘集》中的政治诗外，又将审查范围扩大到密州、徐州之诗作及许多与“新法”不相干的诗作。许多诗句被他们夸大、曲解、罗织，构成苏轼犯罪的重要证据。这在中国历史上开了以诗治罪的“文字狱”先例。苏轼被逼无奈，只得自诬，用著文妙手违心地写下了长达4万多字的检讨与认罪书。对大部分指控，苏轼都坦白承认，说自己确实在诗中批评过新政。直到十月，“乌台诗案”终于审查完毕，政敌在苏轼的数十篇作品中找出“谤讪”诗句60多处。另外，还牵连出司马光、范镇、张方平等29人。

“新法”人士欲置苏轼于死地而后快，但是当年大宋开国时太祖早有誓约，除叛逆谋反罪外，一概不杀大臣。由于皇族及神宗本人的看法与宰执大臣及御史台的意见不一致，而且新派内部的意见也不统一，经王安礼、章惇、王安石等人的劝说，加上神宗的祖母曹太后为苏轼求情，宋神宗做了折中的从轻处理。在决定处分之前，神宗秘密派人去察看苏轼的动静，察看者看到苏轼还能安心熟睡，就将此情此景禀报给皇上。皇上说：“他睡得这样踏实，朕就知道苏轼心里没有鬼。”最后只定了苏轼“讥讽政事”之罪。这年十二月，神宗皇帝将他流放黄州，苏轼免于一死，被贬为黄州团练副使。

五

黄州就是今天的湖北黄冈，距宋都东京1900里，在北宋时仍属开发不完全的荒僻野地，也是文教极不发达的地方。初出台狱之时，苏轼对即将前往的黄州并无印象，全副身心还沉浸在大难不死的余悸中，加上贫病交加，身边又无太多亲人，内心忐忑之状难以言表。经过整整一个月的跋涉，苏轼带着一颗渐渐清醒的心抵达黄州。此时，风停雨霁，天晴日暖，江柳挂绿，溪流淙淙，一派初春的景象，真是个好兆头。由长子苏迈陪同，父子二人寓居在城东南的山间旧寺定惠院内，寺后就是葱茏叠翠的小丘，安静且向阳，是个修身养性的好去处。他们就在寺内搭伙，随寺僧吃斋，倒也方便。更让苏氏父子心热的是，他俩在定惠院还没收拾妥当，黄州太守陈君式就登门拜访，问寒问暖，殷勤致意，根本就不在意苏轼有罪在身。他与苏轼一见如故，从这天开始，天天来访，给人一种宾至如归的温暖。

初到谪地，苏轼除了到村寺或者溪谷去沐浴、捉鱼、采药之外，几乎不与人交往。身处井底般的黄州贬所，弥漫于心的是死里逃生的惊悸和凄苦，苏轼惊魂未定，分外谨慎。他决心“不复作文字”，不仅对时政噤若寒蝉，而且在与朋友的书信往来中也不敢畅所欲言。他只是出入佛寺道观，将光阴都花在抄读不具危险的佛经内典或学术研究上，借以达到“远祸”的目的。有时策杖江边，踽踽独行，咀嚼政治生涯的苦果。即使孤寂愤懑，也只是偶填小令，稍加排遣。苏轼曾以“忧悬”二字自喻初抵黄州的心境，可知在苏轼达观的外表之下，仍有深重的畏祸心态。这对于生命情调自在疏放的苏轼来说，不是一个令人满意的精神状态，因此他意欲突围，进一步寻求生命的定位和意义。

苏轼安顿下来之后，家小也纷纷被接到黄州。小小的定惠院住不下苏家这么多人，太守陈君式就把苏轼一家安置到长江岸边的一个水驿临皋亭。“我生天地间，一蚁寄大磨。区区欲右行，不救风轮左”，迁居临皋亭，苏轼以蚂蚁自喻，而人类社会是个不断旋转的磨子，蚂蚁与磨子的方向总是相左的。

为了生计，苏轼不得不垦荒种地，在老友马正卿的帮助下，求得城东过去的营房废地数十亩。苏轼真正务农了，面对荆棘丛生、瓦砾遍地的荒土，他捡石头、种树、盖屋，脸吹糙晒黑了，躬耕劳作时，时常累得精疲力竭，丢下锄耙，望天兴叹。黄州的躬耕经验对苏轼来说有着极为特殊的意义。相对于抵黄初期，务农之后的苏轼不管在人际关系方面还是在经济来源方面皆有所得，初步完成了身的安顿。渐渐地，他对这个长满荒草的地方产生了深厚的感情，这里便是著名的东坡。这是苏轼永志不忘的地方，也成了他最著名的名号。辛苦一年后，苏轼在东坡旁筑了一间书斋，命名为“东坡雪堂”，墙是由苏轼自己油漆的，书斋中画的是雪中寒林和水上渔翁，后来他就在这里宴请宾客。东坡如今是真正耕作的农夫，从此自号“东坡居士”。

以逐客的身份来到黄州这个荒凉偏僻的地方，昔日的庙廊之器一下子沦为戴罪之身，苏轼身处东坡之上，心如农夫，脚踏大地，离天更近；扁舟草履，放浪山水间，与渔樵杂处。他同和尚、道士、农夫、樵子、渔翁、商人、郎中等都建立了程度不等的友谊，同他们议论时事，咏史怀古，摹山范水，畅谈人生。他有不少的邻人和朋友，有的成了他患难生活的知音，其中有潘酒监、郭药师、庞大夫、农夫古某，有黄州太守、武昌太守，还有两个道士。在经济生活上，苏轼得到了田夫野老和左邻右舍的接济与资助。他们有的送粮，有的送肉，有的送村酒，有的送瓜果。苏轼从这里感受到了“四海皆弟昆”的人生温暖与乐趣。

黄州那时寺庙很多，他与当地僧人的来往逐渐密切。苏轼与安国寺的方丈继连和尚谈禅，交往甚欢。他隔一两天就到附近的安国寺焚香默坐，自我省察。在闭门思过中，苏轼对于自己以往所思所作皆不满意，认为都未达到大乘佛教所要求的“中道”，便决定彻底“归诚”佛教，以洗心革面，开创新的人生道路，通过“物我两忘，身心皆空”，“一念清净，染污自落”，来解脱心中的痛苦和罪愆。

“乌台诗案”是苏轼人生的转折点，百余日的炼狱使他的主导思想产生了质变。从这次濒死经验中，他领悟到生命脆弱渺小、行动不由自主的悲剧。既然如此，要怎样生存自处，才能在瞬息万变的人生中获得安宁呢？苏轼向佛道哲学寻找援助。谪居黄州的岁月里，他手抄《金刚经》，笔力最为得意，苏轼以“昔年本不住，今者亦无来”两句诗点化《金刚经》义理。《维摩诘经》是他“治性养心”最好的佛经之一，《维摩诘经》的主要思想是以“不二”法门为中心，讨论诸法实相之真理。苏轼悟性极高，深得这部经书的精髓，人生无常、世事变幻的虚空色彩在他的文章和诗作中愈发显得浓厚。随着韶光的流逝、宦海的升沉，他对《坛经》中的“随所住处恒安乐”有了越来越深刻的认识。随缘自娱，随缘委命。“缘”既然是宿因注定，就应该在困顿中找到生的乐趣。自性清净与无住思想构成苏轼超越逆境、达成“无所往而不乐”的乐观人格支柱。

苏轼重生了。他消去抑郁，日趋旷达和洒脱。他要把乌台冤狱中那死里逃生的惊悸和凄苦从梦魇中永远驱逐出去，从写“我欲醉眠芳草，可惜一溪风月，莫教踏碎琼瑶”起，心光忽而转为明亮，心境也转向淡泊和快适。

六

他进一步巩固了熙宁年间在杭州任通判时“心安是药方”的想法，将目前所贬谪的黄州“异乡”落实为宦途上的精神寄托之所，作为迈入心乡的过渡。对苏轼来说，故乡、异乡也许不可得，然而“心乡”的获得不假外求，不自由的仕宦征途才是真正可以自我安排的归宿之所。因此，面对陌生的异乡土地，苏轼仍然强打精神，从地理的观点来解释门前流淌的大江水势有自己的“故乡之亲”。他在《临皋闲题》里写道：“临皋亭下八十数步，便是大江，其半是峨嵋雪水，吾饮食沐浴皆取焉，何必归乡哉？江山风月，本无常主，闲者便是主人。”到黄州不过两个月之久，苏轼已把心态从“拣尽寒枝不肯栖，寂寞沙洲冷”迅速调整到可以说出“何必归乡哉”的状态。

“自笑平生为口忙，老来事业转荒唐。长江绕郭知鱼美，好竹连山觉笋香。”这首自我解嘲、自我安慰的诗，是苏轼初到黄州时所作。苏轼调侃自己因口遇祸被贬黄州，但又因祸得饱口福，可以尽情享受这里的美鱼香笋。苏东坡对竹笋情有独钟，称其为“玉版和尚”“素中仙”，常用竹笋和猪肉制成菜肴。在一次和朋友的聚会中他信笔写道：“无竹令人肥，无肉使人瘦，不肥又不瘦，竹笋焖猪肉。”既会写好诗又能炖好猪肉的人并不多，不炖则已，一炖就炖出了著名的东坡肉。他摸索了一套独特的猪肉烹饪方法，以当地猪肉为原料，将五花肉切成大块，加葱、姜、冰糖、料酒，慢火细焖，煨制成酥香味美、肥而不腻的红烧肉。他从不忌讳谈吃，有旺盛而精致的食欲，相当讲究饮食种类和色香味俱全。春雪中摘来的春菜，含着晓露的芦菔根，净白的莼菜和蒌蒿，这些食品是那么新鲜与素净。来自大自然的各种菜色，使他感到心灵清亮、满腹清香。

在逆境中他抱着“袖手何妨闲处看”的态度随缘自适，苏东坡在这里过着琐碎平常的日子，可他也在精心地构建着自己精神文化的殿堂。黄州让苏轼变成了苏东坡。幽居在黄州的苏轼成了闲人，也成了自己的主人。

苏轼写“归去，也无风雨也无晴”时，锋芒毕露的聪明劲儿消去了，变清澈了，但也没什么颓丧气。这首作于元丰五年（公元1082年）春的《定风波》，最能体现苏轼当时的心态。词的上片通过描写作者不为风雨所动、在雨中坦然徐行，表达了从容面对、随缘自适的人生态度：“莫听穿林打叶声，何妨吟啸且徐行。竹杖芒鞋轻胜马，谁怕？一蓑烟雨任平生。”山道弯弯，忽然下起倾盆大雨，树叶哗哗作响，没有雨具的行人纷纷狼狈地逃跑避雨，唯独苏轼安之若素，泰然处之，拄着一根竹杖，气定神闲地在林间漫步，对周围发生的一切浑然不觉。词的下片更是明确地表达了他超脱于风雨阴晴、悲喜祸福的人生意境：“料峭春风吹酒醒，微冷，山头斜照却相迎。回首向来萧瑟处。归去，也无风雨也无晴。”潇潇洒洒地道出了苏轼从大自然微妙的瞬间现象中所获得的顿悟与启示：自然界的风雨阴晴既属寻常、毫无差别，社会人生中的政治风云、荣辱得失又何足挂齿？这“也无风雨也无晴”的胸襟是需要千锤百炼的，出入穷通生死之途而怡然自得，以一种坚韧雄强而又平和静定的健康心态而身处忧患困厄。“回首相看萧瑟处”里有多少人生的苦难、人世的严峻和人间的崎岖啊！

在佛家不二精神的启示下，苏轼悟到了人生的空幻，并在作品中多次表达了对人生虚空的感受，但他并未执着于空而否定人生。尽管他在词里写着“先生年来六十化，道眼已入不二门”，但从未真正做到离弃人世，而是始终在不入不出之间，超越有无之境，游于物之外，无往而不乐。也正因为如此，他才在坎坷的人生中“一蓑烟雨任平生”，出离“风雨”和“阴晴”二边，达到“也无风雨也无晴”的不二境界，实现了人生审美化的超越。从这一点上来说，苏轼更能代表宋元以来吸收了佛学禅宗的中国哲学和华夏美学。

表达了同一认识的还有作于元丰六年（公元 1083 年）的另一首《定风波》：“万里归来年愈少，微笑，笑时犹带岭梅香。试问岭南应不好？知道，此心安处是吾乡。”这首词通过歌颂好友王巩的歌伎柔奴身处逆境而安时处顺的不俗品格，抒发了苏轼本人在政治逆境中随遇而安的旷达襟怀，寄寓了自己的人生态度和处世哲学。经历了宦海沉浮和人生风浪的洗礼之后，苏轼这种静心无想、无所他求、超然物外、达观超旷的精神境界，如晶莹溪水清澈透明，一览无余。这种超旷自适，恰恰是烛照人生、参破玄机的睿智，恰恰是傲视磨难、超凌逆境的隐忍。

这一个秋夜，他和一帮农夫客人把酒言欢，喝得酩酊大醉，从东坡雪堂踉跄走出。一路摇摇晃晃、窸窸窣窣地回到他临皋的住所，此时已是更深人静、万籁俱寂的下半夜了。“夜饮东坡醒复醉，归来仿佛三更。家童鼻息已雷鸣。敲门都不应，倚仗听江声。长恨此身非我有，何时忘却营营。夜阑风静縠纹平。小舟从此逝，江海寄余生。”不知不觉已是黄州之贬的第三个年头，这首《临江仙·夜饮东坡醒复醉》写于深秋的长江边，他倾听着阵阵涛声，以一种透彻了悟的哲理思辨，发出了对整个存在、宇宙、人生、社会的怀疑、厌倦的深沉喟叹。“长恨此身非我有”是化用《庄子·知北游》“汝生非汝有也”句，“何时忘却营营”也是化用《庄子·庚桑楚》“全汝形，抱汝生，无使汝思虑营营”。向道家寻求超脱之方，饱含苏轼切身的感受，带有深沉的感情，一任情性，发自衷心，因而自有一种与天地独往来的力量。“小舟从此逝，江海寄余生”，这样拥抱天地、亲融江海的超然诗句，也只有从苏东坡这般磊落豁达的襟怀中才能流出。

慎静以处忧患，正是苏轼人生哲理的核心，他饱经磨难，始终保持着旷达开朗的性格的奥秘也就在此。危难临头，不是任感情冲动，大作怨愤之声或放声悲号，而是在心中细细咀嚼，用禅宗及老庄思想中的相对主义、虚无主义去化解它。精神生命酣畅淋漓地舒展，万物与我为一的平等精神，“天人合一”的境界与“死生一如”的胸襟，物我两忘的本心清静，玄妙的心灵顿悟和直觉观照，庄禅哲学生命观、宇宙观几经渗透、参照，融进了苏轼个体存在的意识之中，于是，紧张的价值冲动松弛了，急促的功业理想舒缓了，沉重的现实痛苦消退了。

“君不见，兰亭修禊事，当时座上皆豪逸，到如今，修竹满山阴，空陈迹”，“古今如梦，何曾梦觉，但有旧欢新怨”。一种对生命存在与社会历史的无所希冀、无所寄托的终极悲叹，一方面痛苦地冲击着诗人柔弱的内心情感，另一方面从虚无空寂中滋生出老庄的超越和禅宗的彻悟，正是这种内心调节机制，使苏轼获得了旷达和解脱。

佛禅坐视万物总是浮埃、终归虚幻，人尚如此，何谈人心所生之悲喜哀乐。水石本无声，因缘凑泊撞击而作雷鸣。悲喜如声，从心而生而人本无心。苏轼对佛理的体悟糅合了老庄之说，以目见身历之遭遇，知荣华富贵忧患坎坷，都属人生必有之内容，谈不上得失，也不必因之而喜戚，死生有命。有此透彻之悟，则身心神气虚静平和无动于衷，心斋坐忘枯木死灰无悲无喜了。佛教强调“即心即佛”，“心生则种种法生，心灭则种种法灭”，还强调“不即不离，不住不著”，“莫于心上著一物”，就是说既要注重心，又要超然于心，不执着于心，不为心所累，保持心境的虚空廓落。禅宗重视心的觉悟，它提倡在现实世界中“来去自由”，在日常生活中“自在解脱”，实际上是想用心灵的自由来对抗现实的不自由。这与庄子的等是非、齐物我的观念在表现方式上和实际效果上十分相似，都是以主观来战胜客观。苏轼正是从庄、禅一致的角度来接受禅宗的。庄、禅思想直接影响了苏轼随缘放旷的人生观。他在赏石名篇《怪石供》一文中说得更为直露透彻：“以道眼观一切，世间混沦空洞，了无一物，虽夜光尺璧与瓦砾等，而况此石？”这样，苏轼既与道家“齐物论”“天命观”达成了共识，又认同了佛家“万物皆幻”的般若真如。“自悟本性”可以说传达了禅宗全部精义所在：把人我、内外、大小、好坏、迷悟、生死、有无等对立的观念全打消了，以此造就一个新生命。寻求这种境界，不能用理性思维，而要用自己的直觉、直观，这就是禅宗所谓的“顿悟”。佛教修行的最高境界是无我与解脱，追求一种静心、无限、彻悟的精神自由状态。它要求人们修持心理和精神，断除妄惑和欲念，根绝忧虑和烦恼，苏轼吸取了禅宗心性本净、见性成佛的顿悟学说和华严宗诸法圆融无碍的宇宙观，形成空静圆通的人生观。

苏轼研读过《般若心经》《金刚般若经》《维摩诘经》《楞

伽经》《圆觉经》等佛典，也读过《坛经》《景德传灯录》等，对大乘佛教的空义、中观、心性空寂、清净等思想和禅宗要义理解得非常精深。他站在诸法性空、终极实相或第一义谛的角度，指出空与老庄、儒家与佛、禅与佛教终究是超越彼此的差别，是互相融通的。苏轼因而完美地融合了三者的精华，在儒道释之间穿梭自如、游刃有余。

七

黄州躬耕之余，东坡居士纵情山水，寻古访幽，与友人月夜泛舟，与山水相融，写下了千古名篇《念奴娇·赤壁怀古》《前赤壁赋》《后赤壁赋》《记承天寺夜游》。由此，宛如谪仙的苏东坡完成了自己生命境界的递进。从这时起，苏东坡冲破樊篱，开始对生命进行终极意义上的求索。他开始淘洗自己、完成自己，由失意官员成长为华夏民族历史上空前绝后的文化大师。

风飘飘，水飏飏，掸掸这一路素衣风尘，驾一叶扁舟，于清秋的黄昏，残阳如血，来到这里。由着他的性子，根本不在乎黄州赤壁是否是原址，《念奴娇·赤壁怀古》随口就唱上了，以“大江东去，浪淘尽，千古风流人物”开篇，“乱石穿空，惊涛拍岸，卷起千堆雪。江山如画，一时多少豪杰”的俯仰天地之后，飘然一收，收到了末尾的“故国神游，多情应笑我”，“人生如梦，一樽还酹江月”。这清空萧散的一收，末尾处感伤沉郁又不失旷达蕴藉的力度，以及贯穿全词的高远气象，苏轼这种能发能收的自如，可以肯定地说是在黄州的两年经历带给他的全新境界。

在赤壁，苏轼看见了风，这个曾经辉煌一时的文人士大夫因“乌台诗案”而开始落魄，流落四方，辗转难安。在赤壁的月夜，他心灰意懒，看“江上之清风，山间之明月”，做他那个神鹤翩跹而舞的梦。面对如江水般深沉的失意，他看见风在山顶呼啸、盘旋，然后带着撕身裂骨的阵痛穿过漆黑的荆棘林。刹那间，他心中郁结的块垒、缠绕的苦痛随风而散。挫折、痛苦、伤害，全然忘却。

《前赤壁赋》和《念奴娇》于同年夏写就。《前赤壁赋》的后半部分，境界达到了苏轼文章的新高度：“盖将自其变者而观之，则天地曾不能以一瞬；自其不变者而观之，则物与我皆无尽也，而又何羡乎？”这一段，有超脱凡俗、上抵宇宙的玄思；而“是造物者之无尽藏也，而吾与子之所共适”则是他当初“江水风月本无常主，闲者便是主人”的后续。《前赤壁赋》是化身为二的“客”和“苏子”的对话，其实更像是自问自答，而最后“苏子”胜出，以乐始又以乐终。比起《念奴娇》结尾的自嘲，《前赤壁赋》结尾要明亮圆润得多，所以结局是“客喜而笑”，是“不知东方之即白”的明亮。苏轼所表达的，正是他在黄州游走于佛道之间、赋性自然而达到的天人合一的精神结果。乐天知命，从心所欲。

“寄蜉蝣于天地，渺沧海之一粟。哀吾生之须臾，羡长江之无穷。挟飞仙以遨游，抱明月而长终。”既然须臾的生命如同寄生人间的蜉蝣一般短暂，既然“天地之间，物各有主，苟非吾之有，虽一毫而莫取”，那不如将自然视作“吾与子之所共适”，毕竟，“惟江上之清风，与山间之明月，耳得之而为声，目遇之而成色，取之无禁，用之不竭”，诗人的心灵宁静了、和谐了，快意悲情完成了。快意悲情既保证了内心的平复，又宣泄了潜在的痛苦。苏轼成为先秦庄子式自由主义的最成功的实践者和最实惠的受益人。没有比让血肉之躯的孱弱生命保全在生生不息的宇宙时空中更遵循天地仁德和人之大道的事了，因为终有一死的生命短促而美好。他忍受着被放逐的尖锐痛楚和岁月磨砺、年华蹉跎的悲悯，竭尽全力地抵制着生命情怀可能被挥霍一空、毁于一旦的残酷命运，至死不渝地肩负着士大夫的价值责任，又追逐着诗者的存在自由，为此他筑起了一道坚不可摧的生命意志的堤坝，这恰好帮助他乃至后代中国知识分子完成了人格的再生，也为他的诗性文学确立了坚厚深沉的主体情性。

《后赤壁赋》作于同年十月，距《前赤壁赋》三个月，时序历秋入冬，如文中所言，“霜露既降，木叶尽脱”。《后赤壁赋》重叙事。开篇谈到酒与鱼，极有生活气息。此后写江景“山高月小，水落石出”，写登高所见，状物极为缥缈。而末尾则记述自己见鹤飞去，梦中见鹤化为道士来与自己对答。写梦中之鹤化为道士，有庄子梦骷髅、梦蝴蝶的手法在其中。这是中国道家式的神秘主义，常见诸笔记小说，以求玄妙之境、慕仙之意。但此处妙在，记梦境时，只是记鹤道人以飘然姿态与自己的简单礼仪揖对，并没有借鹤道人之口唠唠叨叨阐发哲理。揖笑而别，挥洒从容，余韵悠长。

“赤壁三首”有个很神奇的共同点，那便是每到结尾，都会超然拔出虚空，自己跟自己玩。就像写于元丰六年（公元1083年）的《记承天寺夜游》，写得很短，也就是现在一条微博的长度，质朴得像小学生的日记，只有时间、地点、人物、动机。然而和“赤壁三首”一样，其把月亮和积水空明一比，又进入赤壁三首末尾那种清空浮游之境。

黄州流放，不仅使苏轼成为苏东坡，并且使苏轼的思想心性、人生观念、文学创作、审美情趣都发生了深刻变化。这一变化的影响贯穿他的后半生，使他成为中国文学史、思想史、美学史、艺术史上真正意义上的苏东坡。

就是在黄州，他慷慨淋漓地写下了被称为“天下第三行书”的《寒食帖》，苏轼将心境感情的变化，寓于点、画、线条的变化中，观来能感受到郁闷、牢骚、悲怆，富有强烈的艺术感染力。其笔蕴至情，胸凝浩气，不能不说是人生的另一种叱咤和快意。这个苏东坡，诗、词、文、书、画五绝天下。他的绝不仅仅表现在这些方面，他还通音律，喜琴棋，知稼穑，懂医学，精品茗，谙岐黄之术，对天文、地理、河治乃至烹调、饮食、酿造等方面，无不通晓，集儒、道、释于一身，是中国文化史上罕见的“全能冠军”。

参寥是苏轼交往最为密切的僧人之一。他是宋代著名诗僧，道行和文学修养极深，在士人中德高望重。苏轼早年在杭州做官时曾与僧人参寥有一面之交，彼此默契，两人一见如故，成为一生之交。“乌台诗案”后，苏轼被贬黄州，精神上遭受种种打击，生活中遭遇种种困苦。参寥曾多次写信宽慰苏轼，情义笃厚。后来，参寥又不远千里前往黄州探望苏轼，并一直陪伴他度过这段非常岁月。两人朝夕相处，曾同游赤壁、武昌西山、定慧院，彼此诗赋唱和甚多。今天，到哪里去找寻这样的人与人之间的深情厚谊啊！

“横看成岭侧成峰，远近高低各不同。不识庐山真面目，只缘身在此山中。”这首《题西林壁》，就是元丰七年（公元1084年）苏轼与僧友参寥一起游庐山时写下的。苏轼想说，人不能见庐山“真面目”的原因与《大般涅槃经》中讲的盲人不知象之“全貌”的原因是一样的。人往往受自己具体的处境局限，而对事物的认识偏于一隅，得出不全面的结论。色界意态万千，而真如只是一体，若迷惑于表面现象，则不能超然于色界，那么真如终不可见。照般若空义，世界万有具有共同的本质，所谓“诸法一相，所谓无相”。无相是表述“空”的常用的概念。只有超越于万有之上才能把握空寂无相的“实相”。苏轼不仅要摆脱一切物欲执着，更要用“无心”的态度，面对人生百态，化解一切彼此知见，做到更高的“心安”境界。

丰富、积极、真诚的济世愿望贯穿了苏轼一生，在贬谪黄州的困挫岁月中，他明明晓悟得“事如春梦了无痕”，却仍不忘老朋友们为他的复出而奔走的情谊，“已约年年为此会，故人不用赋《招魂》”。即使惯看江上沙鸥，坐暖垂钓之石，也希望重返朝廷，“长与东风约今日，暗香先返玉梅魂”。

八

宋神宗驾崩后，年仅 10 岁的哲宗继位，英宗皇后高太后临朝摄政，复用守旧派，恢复旧法，任用司马光为宰相，完全废止了王安石变法，这是北宋历史上著名的“元祐更化”。宋哲宗元祐元年（公元 1086 年），在极为赏识苏轼的皇太后的安排下，49 岁的苏轼被召回京城，短短一年多时间，苏轼以火箭般速度蹿升至翰林学士，飞跃了 12 个官阶。翰林学士是传统士大夫的最高荣衔，有些类似现在的院士，并且负责为皇帝起草诏书文告。苏轼也就从罪人再度成为国家重臣，转为大宋王朝的政治家。

青年男女们争当他的粉丝，文武百官也成了他的追星族，陶醉在他飘然的诗文中。当时的高丽人、日本人派人长驻开封，高价收购苏轼的一切出版物。中世纪的东方，简直是一个文学上的苏东坡时代。直到今天，他仍像一块魅力巨大的文学基石，支撑着中国文学的最高端。

在仕途顺利时，他身上锐意进取、济世报国的精神十分突出，但得志不张狂。他是最旷达、最纯白的男子，绝无机心，用他自己的话说："我上可以陪玉皇大帝，下可以陪屠夫、乞丐。眼前所见天下无一个不是好人。"俯仰天地，问心无愧，因为灵魂如此干净，才可以逍遥尘世，随遇而安。

黄庭坚、秦观、晁补之和张耒并称"苏门四学士"，深得苏轼的培养、奖掖和荐拔。可在师生交往中，他从来不端架子，时常与学生们开玩笑，他的诙谐和幽默都是从心底涌出的宽厚。

有一次他调侃黄庭坚说："你的草书怎么那样花哨，就像树枝上挂着一串串蛇似的。"黄庭坚反唇相讥道："先生啊，我看您的正楷写得扁扁的，与石头下压着的癞蛤蟆没有什么区别。"苏轼毫不介意，哈哈大笑。

这说明他童心未泯，永远像一个调皮的孩子。就像他当初被贬黄州，把鞋子放在江边，写了"小舟从此逝，江海寄余生"，然后就跑去喝个烂醉，把负责监管他的黄州太守吓得半死，以为他投江自杀了；就像他当年参加科考时，可以无视国家抡才大典，在考卷里写《刑赏忠厚之至论》的文章，信手编造一段有关圣人尧的典故，连博学的欧阳修都被忽悠得放下师道尊严，事后屈尊向他讨教典故由来，不料苏轼竟捧腹大笑：“要什么出处啊？我为了论证事实，就胡编杜撰了一段。”

大落大起，大悲大喜，按理说时来运转了，苏轼该懂得世故了，该学会保护自己了，该明白趋利避害了，但是苏轼就是苏轼，苏轼是纯粹的。一个人如果太纯粹，就注定要遭遇比常人多百倍千倍的苦难。

他不依附于任何人，不归属于任何利益集团，不加入任何党群，他就是一个独立的北宋知识分子，只对真相负责，只凭良心说话。不管台上坐的是什么人，不管庙堂上的权力格局如何变化，他只奉行君子之道，只说真话，而且只对事、不对人。当年他因为反对王安石变法而遭受厄运、九死一生，今天他又为王安石变法辩护，站到了司马光等旧党的对立面。直言敢谏的苏轼坚持原则，对于旧派人物全盘否定新派变法的矫枉过正唱起反调，引起了司马光旧党的猜忌和排斥。同时，尚在朝中的新党也极力排挤他，加上持不同学术观点的程颐、程颢所组成的“洛党”的攻击，苏轼陷入非常困窘的处境。在政治的游戏场上，苏轼太不会玩，太不会混，他也知道自己一肚子的“不合时宜”，但他实在改不了这“不合时宜”的习性。苏轼的不合时宜，使他既不被变法派所容，也不为保守派所接纳，他成为夹缝里的人物，几面都不讨好。为了远离政治斗争的是非之地，苏轼再次请求外调。与其在朝堂之上被缚住手脚，不如去地方惠政于民。于是，他先后以龙图阁学士的身份做过杭州、颍州、扬州、定州的知州，所到之处，均致力于地方的赈济救荒，建立医疗机构，兴修水利，整顿军纪，做了不少对得起良心的实事。

九

苏轼和杭州有不了情。他自熙宁七年（公元 1074 年）离开杭州，15 年后又重回旧地。苏轼两度来杭，都是从中央外放为地方。不同的是，上次是担任杭州通判，是地方二把手，这次任职的是一把手——杭州太守。上任时，杭州人焚香列队欢迎。在杭州当官期间，除了筹粮防灾之外，他兴建水利，凿湖筑堤，实施了西湖综合整治工程，于是就有了千百年来让人们津津乐道的苏堤春晓和三潭印月。不劳民，不伤财，不折腾，不居功，无为而治。原本一个治理水患的水利工程，在苏学士的锦绣才情下，竟变成一处“烟柳画桥，风帘翠幕”，“云树绕堤沙，怒涛卷霜雪”的名胜。遗泽杭人的苏堤，是一道由中国士人的社会良心筑成的堤，一道苏子瞻在孤山寺古钟余响里放弃对功名的追逐，释然回归本性、回归自我的心灵的堤。

水光潋滟，山色空蒙，杭州的山水是灵秀的，杭州的山水因此格外具有禅意，它能抚慰苏轼的心灵，使他陶醉其间，心境疏朗，心情放达。苏轼踏山、赏湖、观海，大自然的涵养化育和浑然天成使他忘却得失。在自然里，苏轼的心灵得到了休憩，焕发出顺应自然、追求与自然和谐的慧性。他既保持了中庸的淑世态度，又悠游于自然之中，与僧侣为友，与艺术神交，舒卷自如，始终充满自由的精神和快乐的情绪。

仰慕庙宇、尊敬僧人的苏轼喜欢杭州，在杭州，三百六十寺，处处题清诗。15 年前苏轼做杭州通判时，常与佛印和尚同游寺庙，两人巧思妙语，智慧超群。他们的友谊一直持续着，苏轼谪居黄州时，佛印给予他持久的慰藉。苏轼曾得美石百枚，送给佛印，并作《怪石供》。也是15年前苏轼莅杭期间，他与钱塘僧官慧辩有缘交为挚友。慧辩声名远播，弟子盈门。每遇到不愉快的事心绪不宁时，他就去找慧辩，聆听佛法，慧辩一席话，苏轼百忧解。慧辩临终时遗嘱门徒，须等苏轼赶来才能盖上棺盖，可见慧辩与苏轼的交情。

如今苏轼再次莅临杭城，经历过“乌台诗案”和黄州之贬，他更加快意地沉醉在这座城市的禅智山光中。苏轼对天竺寺的高僧辩才十分仰慕，与他多有来往。辩才禅师离开天竺寺归老于龙井后，深居简出，不轻易见客。元祐五年（公元1090年）的秋天，苏轼去龙井拜访他。黄昏作别时，辩才不知不觉已送苏轼过了归隐桥，破了不送客的戒规。苏轼以诗记录了他们的相会：“我比陶令愧，师为远公优。送我还过溪，溪水当逆流。聊使此山人，永记二老游。大千在掌握，宁有离别忧。”以陶渊明为人生楷模的苏轼，公务之余来拜望辩才，两人品茗悟道，精神契合，即便分手也无离别之忧，因为大千世界掌握在手，表现了他们达观超旷的襟怀。

与苏轼缘分最深的还是那位诗僧参寥。他和道潜参寥的交往一直延续着。被贬黄州时，参寥曾是他患难中的知交。元祐六年（公元1091年），在杭州，参寥在孤山智果寺觅得泉水，采来新茶，款待苏轼。品用禅茶时，苏轼忽然回忆起九年前在黄州做梦梦见参寥作诗，悟得“寒食清明都过了，石泉槐火一时新”两句诗的意思，令在座喝茶的朋友们感叹不已，并且顿时产生了无穷的情趣，“参寥泉”从此得名。梦境与生活相吻合，实在是新奇之事，而苏轼居然还记得黄州梦境，的确是生活的有心人。

苏轼在与余杭僧人的交往中，达到了心灵的交互、精神的契合。他“可使食无肉，不可居无竹”，对清新简单的生活无比赞美。在游灵隐寺时他甚至认为，能够躺在清静的僧房里睡一会儿午觉，周围有香烟清风，便是“遂超羲皇傲几蘧”了。

这次来杭州做官，他把百姓送给他的五花肉做成东坡肉，分给每家每户。除此以外，“东坡美食系列”还有东坡扣肉、东坡肘子、东坡羹、东坡鱼等，其中仅鱼的做法就有十来种，比如东坡糖醋鱼、东坡墨鱼、东坡鲥鱼、东坡鱼头、东坡鲈鱼。苏轼怀着愉悦的心情去欣赏和品味这些食品，诗意地享受大自然的赐予，如同美食家一样去感受美食的色香味，同时与朋友共享佳肴的畅意，饱尝发明制作食品的无穷乐趣。对他而言，美食也是一种参禅，甚至连吃肉都算是一种参禅，他的美食观渗透着鲜明的生活禅意味，带有浓厚的哲学和美学色彩。佛理并不玄奥，佛禅并不高深，佛理就在人间的烟火里，禅意就在俗世的茶饭里。因为万相之空性无常，人生注定是苦的，但无论多么苦，都要调动生命中的正能量，智慧而顽强地活着。不逃离，不自杀，不出家。如果要出家，也是心出家而身不出家，做个在家的出家人，把庙宇构建在心中，而不是心外，这才是真正的出家。那些在形式上皈依佛门的僧众，最终也不过是俗僧、俗尼式的红尘中人，妄念不断，欲望不减，没有真正摆脱世俗烦恼。而他苏东坡需要的，是终极意义上的皈依。

这个人前所未有的伟大，就是最中庸地践行了中国的现世精神，是活在当下的精神。正因为有这种现世和当下精神，“儒”的时候，他治世；“道”的时候，他养身；“禅”的时候，他明心。

十

苏东坡赤子般的心灵是最宽广的心灵，苏东坡婴孩般的目光是最深邃的目光。有这样的心灵、这样的目光，便可以诚挚对待每一个人。

苏轼的第二个女人王闰之离世了。王闰之是苏轼前妻王弗的堂妹。有种种猜测称，王闰之是进士之女，能以 11 岁的年龄差距给姐夫做填房，一个重要的原因是她从小暗恋姐夫。这推测有些八卦，我宁愿相信小姨子是被苏轼对堂姐的一片深情所感动，还有就是对苏轼文采和人品的仰慕。她知道，这样的男人，足以托付一生，不论他多么坎坷、多么潦倒，嫁给他都能获得真正的安全感。

王闰之陪伴苏轼经历宦海的大起大落，他们共同生活了 25 年，先后经历最艰险的“乌台诗案”和“黄州贬谪”。生计最为困难时，她陪苏轼一起采摘野菜，赤脚耕田，变着法子给苏轼解闷。她去世时，葬礼极为隆重，苏轼为她写了祭文，承诺“唯有同穴，尚蹈此言”。十年后，苏轼去世，苏辙将哥哥与王闰之合葬，实现了祭文中“唯有同穴”的愿望。

重情的苏轼在情感的长路上跋涉得如此辛苦。情重是对人生的一种珍视，是有尽之身对永恒之情的真诚啜饮，任世间繁华万千，只取那一瓢真情。苏轼情真，守着纯粹的真性情，却从不滥情，他用情必专。唯一的一段发生在杭州的逸事，是琴操受东坡启示遁入空门的故事，千百年来一直为后人所津津乐道，但他们二人纯属柏拉图式的精神对话，而且和禅悟有关，和情爱无涉。

有一天，两只游船相撞，16 岁的歌伎琴操与知天命之年的苏东坡在西湖相遇。琴操是歌伎中的才女，谈吐风雅，善于应答，东坡很喜欢她，与她同游西湖，谈笑甚欢。东坡说："我来做长老，你来参禅好吗？"于是问她："何谓湖中景？"琴操答曰："落霞与孤鹜齐飞，秋水共长天一色。"再问："何谓景中人？"答曰："裙拖六幅潇湘水，鬓挽巫山一段云。"又问一句："何人中意？"答曰："随他杨学士，鳖杀鲍参军。"苏轼继续问："如此究竟如何？"琴操不知如何应答了。东坡代为解答："门前冷落车马稀，老大嫁作商人妇。"琴操顿悟，当天就削发为尼了。苏轼离开杭州后，琴操茫然若失，不久就郁郁而终，年仅 24 岁。后来，苏轼在被贬的南方听闻琴操死讯后，老泪纵横，仰天长叹："都是我害了你。"

元祐七年（公元 1092 年），苏轼被调任到扬州做太守。他不搞政绩，唯一一件让人记住的事情就是，取消了前任太守蔡京在此为官时的形象工程"万花会"。扬州芍药为天下冠，举办万花会是为了营造欣欣向荣的喜庆局面，粉饰太平盛世，装点官府的面子。将洛阳花市盛景全移植到扬州来，满城花开，满市花香，看上去多美！可万花会要遍采诸园之花，众百姓家的花园以及所种之花要想不被糟蹋，就只有找门道托关系或者贿赂公差。万花会不仅没有给扬州带来喜庆，反而成为一大公害，它扰民，并且制造腐败，损毁执政者的形象，由此更引起了民怨。苏轼一到扬州，就在茶摊酒肆听见坊间对万花会怨声载道，于是当即决定取消这项节庆活动。

这就是东坡学士对世界的入心、留心和细心，看上去大大咧咧、豪情粗放，其实是细腻敏感的，儒者的心是温柔的心。出身于清寒文士家庭的苏轼，自幼受作为文学大家的父亲苏洵的言传身教，母亲程氏用《后汉书》里不畏强权的范滂为榜样教诲影响他，于是他发愤读书而入仕，21 岁时受到欧阳修赏识，考取进士。他“奋厉有当世志”，而且自信“致君尧舜，此事何难”。在他的经世文章中，留存了大量改革弊政、弘扬道统、明道致用的政论散文，作为宋代文人士大夫，苏轼自然地从情理上体认了儒家规定的伦理纲常，竭力关注国家兴亡，恪守臣子义务，坚定地认同“成天下之事业，定天下之邪正，莫善于《春秋》”，“礼义与信足以成德”。他曾经滔滔不绝地评述宋襄公、秦始皇、孟子、伍子胥、韩非等人的功过是非，为建立完善的儒家现世理想政治秩序，用心良苦地奏议献策。苏轼为官 40 年的漫长岁月中，竟有 3/4 的时间是在党派斗争的旋涡和政权倾轧的风浪中度过的，无休无止。苏轼一次次身不由己地卷入朝廷政治纷争，固然有其“受性刚褊，黑白分明，难以处众”的中国正直文人的“通病”，但根本上还在于他坚守治国平天下的热情愿望和多情责任，他一生心甘情愿地置身于一个滑稽、荒诞、严峻、苦难的人生轨迹中，欲罢不能，进退两难。

于是，比黄州更残酷、更漫长的厄运降临了。元祐八年（公元 1093 年），主持“元祐更化”的高太后去世，宋哲宗亲政，后党与帝党之间的矛盾日趋尖锐，宋哲宗绍圣元年（公元 1094 年）四月，朝廷以苏轼起草制诰“讥刺先朝”的罪名，撤掉他翰林侍读学士等职务、官衔，在一个月内将他连续三次降职，最后贬往广东惠州。

十一

惠州在岭南，当时属瘴疠不毛之地，远非黄州内地可比。

一个年近六旬的老人，千里迢迢赶赴贬所，途中的艰难困苦、心情的凄凉可想而知。南迁途中，他感慨万千，往事如梦如幻。这次行旅得到了天助自助，他不但面见了多位挚友，而且遇到四次重要的佛思引渡，这对苏轼心境的趋稳助益极大，尤其是钟山法泉佛慧禅师以佛理喻之，苏轼愁云顿解，“南来万里亦何事”的疑问也找到了答案，原来是“一酌曹溪知水味”的灵机禅悟。盛夏，苏轼一行人进入虔州境内，在这里登台游泉，感觉颇为适意，留下许多参禅悟理的诗句。在天竺寺里，苏轼亲眼得见47年前从父亲口中得知的乐天诗石刻，既感慨物是人非，又顿生强烈的思亲之情，竟“感涕不已”，作“四十七年真一梦，天涯流落泪横斜”之叹。一个月后，他终于走到大庾岭。由于大庾岭是南谪的重要地标，苏轼想到自己竟被“驱出岭外”，心中想必五味杂陈。

被贬惠州之时，只有三子苏过、妾王朝云随东坡老人奔赴贬所。在惠州，服侍他23年之久的爱妾王朝云为苏轼生下一子，取名干儿。贬谪之途动荡艰辛，幼子因经受不住折腾过早夭折了。苏轼心中悲痛难忍，但是更悲恸的是孩子的母亲，“母哭不可闻”的王朝云受尽身心的折磨，最终为自己年轻的生命画上了句号。苏轼在王朝云墓前建了一座碑亭，取名“六如亭”，取佛家“如梦幻泡影，如露亦如电”之语。他给王朝云写的墓志铭只不过短短的几句话，说明生在何年、死于何时、跟了自己几年。三言两语，却是如此苍凉。

那一年，苏轼60岁，此后他一直鳏居。苏轼追忆从前王朝云对他的理解，想起曾有一天，苏轼抚着肚子问身边的人：“知道这里都是什么吗？”有人说是一肚子学识，有人说是一肚子文章，只有王朝云说：“那是一肚皮不合时宜。”

以60岁老迈之身流放岭南，在惠州的两年中，苏轼身为犯官，生计困窘，有时连酿酒的米也没有，吃菜也得靠自己种。生活完全靠地方官员、朋友、门生、方外之人馈赠接济，他甚至效仿杜甫，采挖黄精草充饥。作于绍圣二年（公元1095年）中秋的《西江月》，写尽了一个孤苦老人晚年的凄凉心境："世事一场大梦，人生几度新凉。夜来风叶已鸣廊，看取眉头鬓上。酒贱常愁客少，月明多被云妨，中秋谁与共孤光，把盏凄然北望。"虽然说风雨仓皇，可是苏轼这辈子对磨难早就习惯了，对这一切随遇而安。

沉重的政治打击没有妨碍他游览松风亭的好兴致。松风亭上植松20余种，清风徐来，松声如涛，是当时岭南的游览胜地。苏轼的《记游松风亭》一文记述了自己禅悟的生活片段，他在文中细致地描述了"顿悟"时那种轻松、快慰的感受。禅是思维修，是静虑。苏轼在静虑中抖落身心的垢秽，洒扫世尘的污染，摆脱功名的羁梏，以求得身心的清净，这正符合禅宗的本旨。不仅如此，苏轼还欲将身置于荣辱之外，将心归于无念，不着于垢净，故无花开之喜，亦无花落之悲，此甚合大乘般若性空的境界。这篇游记小品将苏轼的人生观表达到极致，他认识到，一切目标都是人们自己制定的，一切禁忌都是人们自己设置的，人们之所以会焦虑、烦恼、忧伤、悲痛，都是由于他们把目标和禁忌看作是固定的、僵死的、绝不可更改的，因此自寻烦恼。如果人们可以根据现实的情况及时地改变自己的想法，那么一切的问题都会迎刃而解。

佛老庄玄的"随缘委命"，不能不说是他活下去的支柱。遇到逆境时，苏轼把灾难当作消解旧业的不二法门。相较于少年熟习的老庄，贬谪中的苏轼更加倚重佛典的引导作用，对他来说，“参禅”已不再是少年时期权充赏玩学理的对象。“随遇而安”的人生哲学，是佛道两家双重作用下的产物，在垂暮之年的贬谪生涯中，因苏轼持续不断的概念深化和实践，最终内化为其人生哲学的一个重要标记。他迈着“内外双修”的步伐，一方面向外寻求山水友情的慰藉，一方面也向内找寻“心安之境”的可能。

体悟到这些之后，苏轼在惠州的被贬岁月中过得更加充实坦然，他将儒家的仁人济世精神与佛道的乐善好施、普度众生的愿心结合起来，竭尽全力地关怀惠州民众。尽管他在惠州生活得颇为艰难，却不遗余力地帮助当地百姓，热心于当地的民生建设，如筹建医院、集资成立孤儿院、实施饮水工程、建造浮桥、收葬暴骨、建议利用水力修建碓磨等等。当年“乌台诗案”苏轼就是以文字获罪的，但如今他仍然不改其志，在忧患余生的晚年，写下了政治讽刺诗《荔枝叹》，怀着“至今欲食林甫肉”的极大愤慨，从唐代进贡荔枝写到宋代贡茶献花，对官吏的阿谀奉承、宫廷的穷奢极欲进行了尖锐的批判。

他苦中作乐，觉得惠州空气好、荔枝好吃，还自创了味道醇美的罗浮春酒，尝试酿造桂花蜜，并写诗感慨地说：“日啖荔枝三百颗，不辞长作岭南人。”又说：“为报先生春睡美，道人轻打五更鼓。”即使身处遭人唾弃的岭外之地，他也不因此而丧志，仍旧悠然地过着清贫的生活。苏轼在诗中只是写了他旷达的襟怀和幽默的情趣，并未有一字涉及政治，但却又惹了祸端。这首洒脱的诗篇传至京城，新党权臣不高兴了。这些逍遥诗作让当权者感到苏轼在惠州生活得太快活了，于是有了将其再贬海南儋州的命令。既然你“春睡美”，好吧，再给你调一个位置，让你美！

十二

海南岛在天之涯地之角，是宋代最为荒远的地方了。再贬海南儋州，他只带了三子苏过启程。子孙们哭送于江边，都觉得是生离死别。苏轼已至垂暮之年，却以戴罪之身被一贬再贬至天涯海角的海南荒岛，还朝无望，返乡无期。苏轼却安慰儿孙："生不挈棺，死不扶柩，这是东坡家风。"而弟弟苏辙当时则被贬于雷州，两地间隔着海峡，两人要分手时，苏轼还打趣说："莫嫌琼雷隔云海，圣恩尚许遥相望。"

这次海南之贬，是苏轼生命史上最后一次放逐，也是他遭受打击最严重的一次。海南儋州位于海南岛的西北部，当时人迹罕至，瘴疠遍生，山穷水恶，人烟稀少，黎汉杂居，文化落后。苏轼在给朋友的信中说："此间食无肉，病无药，居无室，出无友，冬无炭，夏无寒泉……"

到了儋州，苏轼一贫如洗，为了糊口，他连酒器都卖掉了。他曾露宿于桄榔树下，也常以薯芋、虾蟆充饥。流放海南的岁月很艰苦，但苏先生竭力调整心态，寻求超脱，并自得其乐。他和当地乡民一起，背上个大酒瓢，在田野里边唱边走，作诗自娱。他还结交了不少平民朋友，闲了就去串门，跟野老饮酒聊天，还常常给乡邻看病开方。他没忘了读书，这段时间他最爱读柳宗元和陶渊明的诗。

他在海南岛上试制墨，研发各种草药，纵然烧着了房子、喝坏了肚子，他依旧对生活的"创新"乐此不疲。他把所有苦难的流放地都当作可以安身立命的故乡，即便在最困顿的环境中也能找到生活的乐趣，这就是苏轼。有一段日子，穷困潦倒的诗人连肉也买不起，便把肉店里剔剩的羊骨搬回家，用作料腌了，再放在火上慢烤两个时辰，吃的时候用竹签把羊骨缝里的肉一点点挑出来，还向家人打趣道：我们这是在吃蟹肉呢。这种圆融通达、乐天诙谐的性格真是比金玉还珍贵啊。这样的男人，即使颠沛流离到天涯海角，即使他面前是一道道鬼门关，他依然能把苦难的日子、凶险的日子酿成蜜，让你看到春天的花开、冬天的阳光。

这样的男人携天地之正气，秉万物之清流，“阅世走人间”与“观身卧云岭”的两个自我并行不悖。苏轼兼收诸学，又扬弃了诸学，从而构建了一种区别于任何时代和个人的充满了自主、自觉、自由精神的文化人格，形成了无往不胜、超然旷达、委运自然、率真任性、穷达相济、刚柔并存的东坡哲学。正因为如此，苏轼才能在壮志难酬、真情难诉、漂浮不定的悲惨贬途中保持人格的完整和真实，成为不折不扣的大宋达人，永远秀在华夏民族沧海横流的历史天宇之下。

在被陈寅恪先生称为“华夏文明之发展，历数千载之演进，造极于赵宋之时”的特殊时代，苏轼绝对是一面旗帜，在尚雅、崇理、博学、富趣的时代氛围中，苏轼已俨然成为一种“符号”。换言之，苏轼以其卓越的智慧才情、无与伦比的文学成就以及惊心动魄的人生仕履，在宋代刮起了阵阵旋风，从多方面展示了宋型文化的特征，表现为一种独特的文化现象和生命现象。

宋朝统治者对文人士大夫采取恩威并施的政策：一方面大量地给予他们及第、推恩、特许的资格，任用他们，厚待他们，坚守祖宗不杀文官的遗训，让他们说话；另一方面，又加大了对他们的考核、监督、弹劾，往往可以随便找个借口就整治他们，导致派系斗争愈演愈烈。这样一来，作为政治惩罚的迁逐流放对士人来说便成为常事。宋代士人处于三教合流、理学勃兴的哲学思潮中，长于理性思考，注重志节气概，故而面对迁逐之常事，多能以哲人的冷静与理智调整心理状态并以此表现志节气概，以泰然无迁谪意自处，这是苏轼贬逐心态所处之历史文化土壤。

儒家文化充满阳刚健朗的力量，总是相信春回大地，相信花开陌上，相信白昼比黑夜更美好，相信君子比小人更高尚。苏轼作为四朝老臣，对仁宗、英宗、神宗、哲宗都上书直言朝政之弊，进行过尖锐的批评，正如《怪石咏》诗中所言，为使君王有所警惧、对政治错误能够悔过，他不畏“震霆凛霜”，将生死荣辱置之度外。即使沦落到海南岛这样的地方，还是“不以一身祸福，易其忧国之心”，苏轼始终不改儒家济世情怀，他注重汉黎关系和谐，面对当地生产落后的状况，苦口婆心地劝说当地人重视农业生产。他带领乡民开凿井泉，建立东坡医疗所，并以诗书礼乐教授学生。经过三年的讲学明道，儋州黎汉专心向学，蔚然成风。外以儒家治世，内以佛老养心，内外结合构成了苏轼生死观的奇绝景象。

他谪居海南，不忘与当地黎族土民共娱同乐，共享生活乐趣，“总角黎家三四童，口咬葱叶送迎翁”，“野径行行遇小童，黎音笑语说坡翁”，此间有什么歇得歇不得，贬谪南荒，便歇在南荒，乃至愿意“九死南荒吾不恨，兹游奇绝冠平生”。苏轼一次又一次用诗性的方式将平生逆旅化作胸中坦途，这种超越一切苦难的怡情快意被后世称为“东坡事事爽”，而苏轼心灵之上建构的庞大的超利害、忘物我的心性本体世界更是令我们叹为观止。

在这片南宗禅的发祥之地，苏轼有机会游曹溪、访南华，与南宗禅结下深缘。苏轼在岭南多次游历并且曾寄居在南华寺，他与南华寺僧人有频繁的深层交往。南华寺曾是慧能传法的寺院，来到南华寺，老年苏轼终于明了自己的本来面目。苏轼与岭南的人与物打成一片，他的心里也感受到了融合于岭南淳朴民风的快乐。他热爱岭南的人，珍视“曹溪一滴水”。“竹中一滴曹溪水，涨起西江十八滩”，是苏轼内心感受的真实表露。他超然物外，忧乐两忘地走着坎坷的人生之路，就是因为心中流淌着一股曹溪清泉。苏轼悟得，是“曹溪一滴水”让他在风雨人生中随缘不变、不变随缘，理事无碍、事事无碍。“曹溪一滴水”与“摩诘不二门”滋润了他的精神家园，铸成了他无所往而不乐的潇洒、乐观人格。眼见自己年事日高，而归期渺茫、前路茫茫、举目无亲，于是他益加潜心学佛习禅，热衷于修炼坐禅、精研佛典。“九死南荒吾不恨，兹游奇绝冠平生”，这短短的两句诗，将自绍圣元年（公元1094年）到元符三年（公元1100年）的七年流放生活、九死一生的飘落生涯，以达观的胸怀、感恩的心态一带而过，犹如《华严经》中的善财童子参访53位善知识。他在不同的境界里历事炼心，如如不动，随缘任运。

谪居儋州，苏轼在《次韵子由浴罢》一诗中说：“楞严在床头，妙偈时仰读。”可见《楞严经》在他生命中的重要地位。一部《楞严经》成为苏轼一生熟稔无比的宝典。《楞严经》是一部圆如来之密因、具菩萨之万行、标迷悟之根本的大乘经文。这部经书的要旨是明根尘，主要内容是佛为阿难逐一宣说人之六根（眼、耳、鼻、舌、身、意）和六尘（色、声、香、味、触、法）之间因缘互动的问题。

“思我无所思、人生本无待”，从哪里来，到哪里去，自己是什么，要干什么，均无所挂心，“相逢莫相问，我不记吾谁”，既没有社会角色的自我确认和追索，也没有自然的回归和同化，只是走向内心，求得一种心灵的自由。他抵达了一种“我不记吾谁”的心灵的自由，解除一切束缚心灵的桎梏，以一颗赤裸裸的心来贴近生活。

他要做大自然的欣赏者，他把自己的思想感情倾注在它的身上。他也从大自然中获得乐趣，浪迹山水禅寺寻求美的享受，领略人生哲理。他把岭海当作自己的故乡，他说：“他年谁作舆地志，海南万里真吾乡。”又说：“我本海南民，寄生西蜀州。忽然跨海去，譬如事远游。”他并非真的以为海南是他的“故乡”，而是说故乡在自己的心中，只要心有所安，无处不可作故乡。

他也时时盼望北归，思乡之情时时扰心，其痛苦经常溢于言表。他于梦中听见山呼海啸，误认为是群仙欢宴而庆贺他的北归。然而，年复一年，归期难料。早在 25 岁踏上仕途时就发出的“致君尧舜，此事何难”的豪言壮语，曾经最能代表他对事业功名的向往和追求，然而接踵而至的政治迫害以及社会人生的种种矛盾，逼他步步恬退。他所效忠的朝廷和君王一次又一次把他抛向痛苦的深渊。政治、功名、富贵只是一场幻梦，他只有拿佛家的思想来抚慰自己受伤的心，于山水的静观默照中获得清静圆融的体悟，山河大地无非佛身，溪声浪语无非佛法。法轮常转，岂分昼夜？

十三

元符三年（公元 1100 年）正月，宋哲宗驾崩，宋徽宗即位，大赦天下。皇太后向氏摄政，试图促成新旧两派的和解。这年五月暮春，苏轼被赦免，并被朝廷封为成都玉局观提举（宋代祠官）。这是苏轼一生最后的官职，也是朝廷给予苏轼的最后交代。告别海南土著，儋人沿途送别，依恋不舍。苏轼北归后动情地对友人说：“澹耳风土极善，人情不恶。”他能从穷荒的海南岛活着归来，曾居蛮荒之地，穷得家徒四壁，对海南还能有“极善、不恶”的好评，这个苏东坡真能吃苦，也真能取乐，也足见他与当地父老的情谊。九死南荒侥幸余生，回顾迁谪之苦、贬逐之路，他坦然受之，无怨而无悔，这是东坡式的幽默与智慧。渡尽劫波，相逢一笑，意味深长。

岭海七年的流放生活中，苏轼一家死了九口人，虽然生活对他如此残酷，可他依然乐观开朗、富有朝气。六月，苏轼渡过琼州海峡北返，在藤州江上吟诵道：“我心本如此，月满江不湍。”他想说，他的心本来就像江月一样圆满纯白，像江流一样波澜不惊。

北归的道路让他百感交集，他呼吸到长江的气息，离熟悉的中原越来越近了。宋朝的百姓并没有忘记这位曾经的朝廷重臣、经纶满腹的大学士。苏轼在遇赦归途中，经过润州、前往常州时，运河两岸拥满了成千上万的百姓，他们随船前行，怀着仰慕之情，争着要看看这位久经磨难的大宋达人的风采。即使他不断被贬谪，依然才高盖世，众望所归。“持归岭北万人看”是当时百姓争相围观苏轼的真实写照，仿佛苏轼早已达到《华严经》里“如日在虚空，照临一切处”的境界。苏轼文章被公认为天下第一，苏东坡成为万众景仰的一代文宗，他走一路，写一路，写一路，火一路，写出来的多数都是千古名篇。64 年的岁月里，波澜重重，几起几落，他始终保有着那颗温柔细腻的文心。然而，此时的苏轼因旅途劳顿早已染病在身。宋徽宗建中靖国元年（公元1101年）的六月，苏轼卧病常州。筋疲力尽的他，数病同生，四肢肿痛，焦渴吐血，连续20多天不能进食。

七月仲夏，苏轼悄然离世，死时64岁。世事一场大梦，的确如梦如劫，现在大梦完结了，如果他还要面向轮回，就投入另一个未知的陌生。他永逝的那天早晨，一大群毛色斑驳的飞鸟栖息在他寓所前的参天大树上，静默无声，久久停留。树荫之下的池塘里，莲花迎着晨曦初开，花开花落，都是一份随缘的自在。苏轼在临终前用近乎调侃的口气对自己风波险恶的宦海生涯做了一个总结："心似已灰之木，身如不系之舟。问汝平生功业，黄州惠州儋州。"他这一生逆境过半，平生的功业，就在黄州、惠州、儋州这三处贬谪之所。他跌宕而苦难的人生就这样被他举重若轻，"天涯踏尽红尘，依然一笑作春温"，"人生如逆旅，我亦是行人"，这就是一个东方男子的"命运交响曲"。

苏东坡最大的愿望不是金榜题名或者红袖添香，而是与他的弟弟苏辙风雨对床。人生得一知己足矣，更何况这知己是自己的同胞手足？"苏轼何罪？独名太高。"苏辙如是说。然而苏辙即使不说，历史的双眸也清澈无邪。青衫磊落的苏东坡，仿佛正从风雨的郊外走来，竹杖芒鞋，"回首向来萧索处，归去，也无风雨也无晴"，就这样一蓑风雨，走向他曾经憧憬过的"对一张琴，一壶酒，一溪云"的闲人野趣。

苏轼之后，所有那些自认为怀才不遇的人，比起苏轼旷世的才华，比起他一生的苦难，还有什么资格说自己怀才不遇呢？苏轼精神世界的海拔，是后世一直无人企及的。一个人要真正做到内心强大，就要看轻身外之物的得与失。坦然接受一切吧，事情的本身并没有好坏之分。真正困扰我们的并不是发生在我们身上的事，而是我们对这些事的想法。

顺境和逆境是辨别出来的。如果你执着了，心动了，这就是逆境；如果你放下了，心不动，一切都是顺境。心随境转是凡夫，境随心转是圣贤。人生无时不在选择，一念之间，悲喜两重天，心态左右着一个人一生的繁华与苍凉。

黄庭坚：谪仙的微笑

一

宋代文人黄庭坚的《松风阁诗卷》《李太白忆旧游诗卷》《勤恳帖》《苦笋赋》《花气熏人帖》等，几幅书法，有行有草，收藏于台北故宫博物院。这些作品如今连城之价，可写字的人当年一贫如洗，流离失所。任何杰出的书法作品都不会是蓄意创作的产物，而只能是生命、性情与风骨的艺术转化。黄庭坚书法的风神洒荡、笔热遒逸，源自这个人不俗的心灵、不幸的命运和不羁的傲骨。

宋仁宗嘉祐八年（公元 1063 年），黄庭坚入汴京考试。不知怎么，在等候发榜期间，到处风传黄庭坚得了进士第一名“省元”。于是京城的朋友们欣喜若狂，连忙预备好酒，为他庆贺。就在这时，一位仆人披头散发跑进来，大呼小叫，原来，真正考上的是高邮人士孙升以及另外两人，并没有黄庭坚。原先计划狂欢的人们垂头丧气，一哄而散，甚至有人失声痛哭，为他惋惜。只有黄庭坚依旧饮酒自若，并且酒后同孙升一块去看榜，神色和平时没什么两样。

黄庭坚这时只有 18 岁，小小年纪，哪来如此坦然和洒脱，从而置痛苦和尴尬于不顾呢？

不要说是 18 岁，早在他 8 岁时就颖悟过人。有一次乡人赴京城礼部应试，送行宴上，众乡邻轮流赋诗，为即将赶考的应试者鼓气，有人提议，要年仅 8 岁的黄庭坚也作一首，于是黄庭坚立就一诗："万里云程着祖鞭，送君归去玉阶前。若问旧时黄庭坚，谪在人间今八年。"好大的口气，他不是一般的自信，简直轻狂，自诩谪仙，不幸被贬人间整整八年。小小年纪，天生就鄙视功名富贵，他还在自己所作的牧童诗里嘲笑那些热衷科举的人："骑牛远远过前村，吹笛风斜隔岸闻。多少长安名利客，机关用尽不如君"。

虽说黄庭坚年幼已有遗世独立的隐居理想，但在现实中，他必须去挤科考的独木桥。宋神宗治平四年（公元 1067 年），黄庭坚再次赶考，这一次，真的考中进士。这是黄庭坚踏进官场的起点，但他却丝毫没有一般仕宦青年通常所具有的那种春风得意和指向未来的壮志雄怀。相反，因为态度消极，延误就任汝州县尉的报到日期，而被拘禁了几个月。如果不是从骨子里将功名富贵看得极淡的人，能有这样的超脱么？

在 41 岁进入京都汴梁之前，也就是熙宁、元丰新政时期，黄庭坚一直都在地方任职，官职较低，没有进入政治权力中心，尚未卷入北宋党争的旋涡。但长期在基层任职，让黄庭坚对王安石新法在实践中对民众的利弊能有更深刻、更客观的认识，对新法的实行，黄庭坚基本持否定和批判的态度。他对新法的批评，都是以民众利益为出发点，为减轻农民负担而提出的，并未有意识地介入新旧党争中。作为一介书生，他完全没有自觉的党派意识，面对熙宁、元丰、元佑年间党同伐异的恶性循环，他十分反感。但是，由于他反对变法的立场以及他与恩师苏轼等人的密切关系，使他被划为旧党的阵营，招致接连不断的迫害。

其实，元佑年间，王安石变法已经失败，而王安石本人也受到众人诟病，特别是一些当年曾经追随王安石的势利小人，此时翻云覆雨，对荆公全面攻讦。然而此时，黄庭坚却不随波逐流，绝不落井下石，对王安石作了公正的评价，称王安石为“一世之伟人”，并对新旧两党由政治主张的对立而变成无原则的倾轧，作了十分尖锐的批评。这种破除门户之见，以公正的态度对待王安石，足见黄庭坚人格的崛崎磊落。

书生坦荡无私地对待政治，可政治并不与他们肝胆相照。书生太过一厢情愿，政治从来都是冤家路窄，映照着人性的狭隘和人心的幽暗。

二

黄庭坚曾参与编修《神宗实录》，这是一部实话实说，秉笔直书的史书。宋哲宗绍圣年间（公元 1094 年—公元 1098 年），新党重新掌权后，便在《神宗实录》中摘出千余条内容，控告黄庭坚诬蔑宋神宗。拘押、禁闭、逼供，诸多手段一齐使用。但是，无论怎样威逼利诱，黄庭坚却始终不承认有诋毁先帝之辞，“凡有问，皆直辞以对”，不折腰、不惧怕、不屈服，嶙嶙傲骨，凛然正气，令士大夫莫不叹服。黄庭坚不低头认罪，不忍辱偷生，所以，他受到的打击比其他旧党人士更大，结局也更悲惨。他先被贬到涪州，后贬黔州，再贬戎州。最终，又因撰写《承天院塔记》一文，被朝廷指为“幸灾谤国”而贬谪地处西南的宜州，他甚至遭到除名，被踢出了北宋官员队伍。

这是绍圣二年（公元1095年）正月，被贬黔州的命令下达，亲友们都哭了。因为黔州地处川东南，接近贵州，极端的荒僻与贫穷不说，而且去的时候还必须途经艰难险阻的三峡，实为九死一生。但黄庭坚本人却并不十分在意，倒头睡去，鼾声大作，当时，无人不佩服他这种旷达胸怀。黄庭坚与兄弟手足情深，在被贬黔州时，兄弟元明长途跋涉，一路护送。船过三峡，两岸的声声猿啼引得过往行客心中倍感哀伤，穿行于险山恶水之间，难掩远谪之人的凄凉无助，流落异乡，人生在风雨中飘零，悲苦之情油然而生，他给元明兄弟写诗作别：“急雪脊令相并影，惊风鸿雁不成行。归舟天际常回首，从此频书慰断肠。”

他二次遭贬时，赶往戎州，路经长沙，全家16口人，全都挤在一只小船内。好友惠洪认为过于拥挤狭窄，便劝他向有关上司交涉，争取换一只大点的船。他拒绝说：“烟波万顷，水宿小舟，与大厦千楹，醉眠一榻，何所异？道人谬矣。”

这位命途多舛的北宋书生，一生坎坷。少年丧父，中年两度丧妻，仕途不顺，后又卷入党争，贬谪边地，穷病交加。面对外境的变化，佛禅和老庄不仅对他有修行上的吸引力，更重要的是，他从中获得消解人生痛苦的良药，以铸就一种不拘进退、圆融无碍的人生态度。他通过参禅而明心，去除我执，认识到真正的心性是不会受到污染的，他在诗歌中用很多意象表达了对心性特质的认识，如雪“皎皎不受尘泥涴”，如月“黄流不解涴明月”，如金石在激流里不被动摇，如翠竹于荣枯中不受影响。面对现实处境的种种不幸，他以湛然澄明之心去抵御外界的“市声”“世纷”“利欲”“险躁”“荣辱”，正因为内心里有了这种坚定，才可以与世浮沉，游戏三昧。“游戏三昧”，源自北宋禅宗语录《景德传灯录》，原为佛教名词，现在成了黄庭坚的修行法宝，禅宗以解脱束缚为目的，“游戏三昧”为的就是达到超脱自在、无拘无束的境界，自在无碍而心中不失定意。

早年，黄庭坚的家乡是禅风炽盛之地，所以他从小就被家乡浓郁的佛教氛围包围。唐至北宋的百余年间，由南岳、青原两系派生出禅宗五家，江西是其重要的根据地。号称“山谷道人”，黄庭坚深读《楞严经》《圆觉经》《坛经》《七佛偈》《心王铭》《息心铭》。这些佛典的共同特点，内容都是围绕如何消灭差别，认识本心，保持自性的清净圆融展开。黄庭坚青年时代践履仁爱孝悌的儒家伦理道德，同时倾慕庄子超越名利、保全天真的逍遥之思，后又研习佛门，参禅多年，终于在谪官黔州的路上打破疑情，勘破心念的虚幻，体会到心性本体清净、寂静的特质。他统合三家，建立自洽的思想体系，构建了“俗里光尘合，胸中泾渭分”的独特人格，形成了“超世而不避世”的“和光同尘”的人生态度。“和光同尘”的人生观使得黄庭坚对现实人生有一种审美距离感，在他眼里，世俗社会虽有种种不尽如人意的现象和矛盾，但只要自己始终以清慧的心来为人处事，外界的颠倒、是非与自己又有什么关系呢？一切顺其自然，不生好恶之情。这样，从诗歌审美上说，他追求大雅大俗，寓雅于俗，融俗于雅，不把雅和俗进行“二元对立”，而是将人事和物态的丑拙、乖讹与美好、高贵之间的那一丝丝不和谐在诗句中列举呈现，产生有趣的画面和幽默的情趣。

三

熙熙攘攘的红尘中，黄庭坚孜孜不倦追寻的就是向生命源头的回归。他在《古风二首上苏子瞻》中讲“但使本根在，弃捐果何伤”。根是生命之源，只要有本根深扎于泥土，风雨飘零是伤害不了生命的生气的。在黄庭坚的思想体系中，生命之根若是“根深蒂固”，就能够枝繁叶茂，永葆生机。所以，在他的诗歌里，自始至终贯穿着心性修养的强大主题。

贬谪戎州后，他与不求功名、甘居山野的“眉山隐客”史应之饮诗作酒，相互唱和，喝醉了，就头插菊花，倒戴着冠帽，拿笛子对着风雨吹奏，吟咏出一首《鹧鸪天》：“黄菊枝头生晓寒。人生莫放酒杯干。风前横笛斜吹雨，醉里簪花倒著冠。身健在，且加餐。舞裙歌板尽清欢。黄花白发相牵挽，付与时人冷眼看。”以自乐自娱、放浪形骸、侮世慢俗的方式来发泄心中郁结的愤懑不平，对现实中的政治迫害进行调侃和抗争，流露出挣脱世俗约束的高旷理想。

《题落星寺四首（其三）》是黄庭坚在游玩落星寺时作的一首七言律诗。《题落星寺》共有四首，这是第三首，也是最为脍炙人口的一首。此诗不用典故，不加藻饰，而全凭诗人烹字炼句的娴熟技巧，以平淡的语言写出，像是一曲优雅的清唱，“落星开士深结屋，龙阁老翁来赋诗。小雨藏山客坐久，长江接天帆到迟。宴寝清香与世隔，画图绝妙无人知。蜂房各自开户牖，处处煮茶藤一枝”。落星寺在湖光山岚之间，鄱阳湖淡淡氤氲，庐山缕缕云雾。寺中的僧房各间敞开着窗户，像是密集的蜂房一般，到处都升起了青烟，告诉人们那里正在以一枝枯藤煮着香茗。佛寺便室，清香一炷，湿气飘过，悠然而至，如同与这山水、佛寺、小雨浑然一体，使人生出与世隔绝的感觉。

《念奴娇》流传千古，写众人赏月、月下游园、欢饮和听曲之乐。意气纵横，情怀激荡，于壮阔的形象中勃发出一种傲岸不羁之气。“断虹霁雨，净秋空，山染修眉新绿。桂影扶疏，谁便道，今夕清辉不足。万里青天，姮娥何处，驾此一轮玉。寒光零乱，为谁偏照醽醁。年少从我追凉，晚凉幽径，绕张园森木。共倒金荷家万里，难得尊前相属。老子平生，江南江北，最爱临风曲。孙郎微笑，坐来声喷霜竹。”这首词写于黄庭坚谪居戎州时，此时山谷居士经过一段时间对贬谪生活的适应，内心更加趋于平和，我们在词中看到，黄庭坚以豪健的笔力，展示面对人生磨难时旷达、倔强、伟岸的襟怀，表达了荣辱不萦于怀、浮沉不系于心的心性修养。

“万里黔中一漏天，屋居终日似乘船。及至重阳天也霁，催醉，鬼门关外蜀江前。莫笑老翁犹气岸，君看，几人黄菊上华颠？戏马台南追两谢，驰射，风流犹拍古人肩。”这首《定风波》描绘的画面是，黔中阴雨连绵，仿佛天漏，遍地都是水，终日被困家中，犹如待在一艘破船上久雨放晴，又逢重阳佳节，在蜀江之畔，畅饮狂欢。不要取笑我，虽然年迈但气概仍在。请看，老翁头上插菊花者有几人呢？最后巧用东晋诗人谢灵运戏马台前赋诗之典末句中的“拍肩”一词，从“莫笑老翁犹气岸”到“风流犹拍古人肩”彼此呼应，一气呵成，将豪迈气概表现得淋漓尽致。

四

黄庭坚只身一人到达宜州。家人随他到永州为止，因路途艰辛，便滞留在那里了。孤身一人在宜州，境遇就糟得不能再糟了，竟不得不住在子城南的一座不蔽风雨、极其破败的小房子里，而且市声嘈杂，人皆以为不堪其忧，而黄庭坚却始终毫不介意："余以为家本农耕，使不从进士，则田中庐舍如是，又可不堪其忧耶？"他是真的不把自己当回事，不把自己看得很重要，没有强烈的"我执"之心。黄庭坚很明白，自己原本就是农耕的家庭，假如当初不考上进士，那么家中田里的房屋也就像这样子。所以，又有什么不能承受的忧虑呢？

后来，他更索性搬到宜州城小南门的戍楼上去了。戍楼乃守边将士的望楼，越发小得可怜。生计艰难不得已而亲自建房、修屋、种地、运粮，他无所谓，笑嘻嘻自称黔中老农。《谪居黔南十首》里看不到悲愁叹息，倒是完整地展示了谪居生活的闲适以及环境的幽独，展现远离京都、躬耕田野生活的闲适。先是"轻纱一幅巾，小簟六尺床。无客尽日静，有风终夜凉"，又有"霜降水反壑，风落木归山。冉冉岁华晚，昆虫皆闭关"，还有"山郭灯火稀，峡天星汉少。年光东流水，生计南枝鸟。"

也有想家的时候，思念故乡江南，思念他来时的路，期盼江南的音信，渴望春回大地之日。天涯万里，离乡十年，人在他乡老，却还是少年赤子的心。《虞美人·宜州见梅作》中写道："天涯也有江南信。梅破知春近。夜阑风细得香迟。不道晓来开遍，向南枝。玉台弄粉花应妒。飘到眉心住。平生个里愿杯深。去国十年老尽，少年心。"这也成为一首经典好词，以咏梅为中心，写出天涯见梅的喜悦，朝花夕拾的欣慰。在黄庭坚看来，对理想人格的追求是他精神世界最本质的东西，而“梅”正好符合人类对一种最高的美的向往，因而成为黄庭坚个人气质的最佳意象。

他把在宜州的日常生活，都记载在一本《宜州家乘》的书作里。其实就是一本日记，没有政事以及个人恩怨的记录，也没有抱负与理想的内容，更没有牢骚，仅仅只是个人生活起居的琐事。

宋徽宗崇宁四年（公元1105年），元佑党人的命运出现转机。五月取消对旧党党人之禁。九月，皇帝诏令党人陆续内移，并为他们平反，恢复他们的职务及名誉。但这些黄庭坚已经不需要了。因路途遥远，他还来不及听到其命运的宣判，于九月三十日去世。

黄庭坚在35岁以内曾两度丧妻，内心的创痛是可想而知的。当年他路过泗水僧加塔时，便发誓永不近女色了：“设复淫欲，当堕地狱，住火坑，经无量劫。”（《发愿文》）但是，在凄凉的贬谪路上，使他一见倾心的，是堪称知己的风尘艺人，为他付出最为珍贵的慰藉与爱情的温存。一路被贬，途经衡阳，他结识了身为军方营妓的艺人陈湘，“春未透，花枝瘦，正是愁时候”，虽然只有十几岁，却已是风姿绰约，仪态万方，何况她还轻歌曼舞。所以到贬所后，尽管境遇极端恶劣，也依旧不断地寄信和写词给她，以表达对那位“风尘里，不带尘风气”女子的无限依恋之情。

那一句“风尘里，不带尘风气”，其实就是对黄庭坚此生绝代风骨的极简写照，是他诗的境界，词的造化，也是他那占据宋代书法狂草领袖地位的艺术作品的最高美学。

临安雨

朱敦儒：我是清都山水郎

一

那时，在洛阳，还年轻。他狩猎在龙门石窟对岸的香山上，麋鹿呦呦，绿草芳茂。八百里伏牛，三千年伊河，处处花团锦簇，一片烟柳好韶华。家乡的山水总在他无尽的怀想中，这位自诩为“伊水老人”“洛川先生”的年轻人常常发出“洛浦莺花，伊川云水，何时归得”的痴痴疑问。那时，还是时代承平的北宋，朱敦儒过着明月清风、梅香美人的快乐日子。“青罗包髻白行缠，不是凡人不是仙。家在洛阳城里住，卧吹铁笛过伊川。”风致洒然，那可是真名士自风流。

多年以后，他对洛阳那段浪漫欢快的时光展开深情的追忆。那些日子裘马清狂，山水优游，“故国当年得意，射麋上苑，走马长楸。对葱葱佳气，赤县神州。好景何曾虚过，胜友是处相留。向伊川雪夜，洛浦花朝，占断狂游。”

虽然才高扬名，小小年纪就被誉为中原的“洛中八俊”之一。但他死活不肯当官，写了一首词，当作不入仕途的宣言：“我是清都山水郎。天教分付与疏狂……诗万首，酒千觞。

几曾著眼看侯王。玉楼金阙慵归去，且插梅花醉洛阳。”自比高洁的梅花，一句“几曾著眼看侯王”，风流不羁，向世人宣告自己不屑名利，鄙夷权贵的清高立场。

朱敦儒 47 岁那年，遇靖康之乱。战乱不休，山河残破，朱敦儒南渡奔波，流寓多处，度过了五年的零落漂泊生涯。直到宋高宗绍兴五年（公元 1135 年），好友以国家中兴之义相感召，他才勉强被说服，抱着“整顿乾坤”的幼稚愿望，答应为国效力。52 岁的朱敦儒被推荐到临安，在风雨飘摇的南宋朝廷担任了一些小职务。十多年官场生活，朱敦儒深感政治黑暗，扪心自问“何苦红尘久客？”加上江山摇落，心中忧愤，“中原乱，簪缨散，几时收？”把持朝堂的，不是宋高宗，而是杀害岳飞的宰相秦桧。朱敦儒站在主战派一边，因发表抗金言论而被弹劾罢官。在遭到罢官引退后没有丝毫的沮丧失落，反而呈现出鱼归江湖，鸟入山林般的欣喜自适之情。

绍兴二十五年（公元 1155 年），权倾一时的秦桧将朱敦儒的儿子提拔为编纂各种行政命令的官员，随后，又让朱敦儒做了管外交的二品官员。秦桧想笼络朱敦儒这样的著名文士来粉饰太平，也想让自己的儿子秦熺跟随朱敦儒学诗词。迫于秦桧淫威，更出于舐犊之爱，朱敦儒为了儿子在职场的安全，在百般纠结中接受了秦桧给的官职。可是，极富戏剧意味的是，短短 18 天后，秦桧病死。权力重新组合，官场重新洗牌。朱敦儒立即被撤职。于是，那十八天被秦桧御用的短暂从仕经历，成为朱敦儒人格上抹不去的重大污点，晚节不保，遭人齿冷。命运开了一个他做梦也预想不到的玩笑。

二

他最终选择归隐浙江的嘉禾，这一次是彻底隐居。此时，古稀之年的朱敦儒历经了生命中太多的沉浮起落，身居樵舍渔舟的他，仿佛已经看透了人世间的一切纷纷扰扰，看破了红尘世事。晚年的生活，更多的是闲适、清净、恬淡。生活的内容，不外乎赏花填词，饮酒品茗，泛舟江上，徒步山林，友渔樵，乐农事，喜亲戚。他自己也终于成了樵夫、渔夫、农夫。

摇首出红尘，他“放倒”了自己，果真是睡了吃，吃了睡，别无所求，仿佛生活就应该是这样简单朴素：“有何不可，依旧一枚闲底我。饭饱茶香，瞌睡之时便上床。百般经过，且喜青鞋踏不破。小院低窗，桃李花开春昼长”。饭饱茶香，安安妥妥，难道还不满足吗？他又说：“老来可喜。是历遍人间，谙知物外。看透虚空，将恨海愁山，一时挼碎，免被花迷，不为酒困，到处惺惺地。饱来觅睡，睡起逢场作戏。”从早到晚，任性、逍遥、颓靡的日常生活，完完全全的闲云野鹤，胸无点滴志向。可是在老子和庄子那里，人生为什么一定要有所谓志向呢？老子在《道德经》里说：“不尚贤，使民不争；不贵难得之货，使民不为盗；不见可欲，使民心不乱。是以圣人之治，虚其心，实其腹，弱其志，强其骨。常使民无知无欲。使夫智者不敢为也。为无为，则无不治。”

朱敦儒的字“希真”二字，就出自《庄子·渔父》“法天贵真，不拘于俗”。一个真性情的“世外希真”，我们能够感受到他生命世界里，渗透着道家的释然、消极、洒脱和淡泊，以空明虚静之心让生命主体直接体悟大道。名利权势使人难以摆脱世事的束缚，是对心的奴役，是对人本真之心的损害。

对君权的依附就意味着个体自由的缺失，因此智慧的庄子主张“宁游戏污渎之中自快，无为有国者所羁，终身不仕，以快吾志焉”。宁愿在小水沟里身心愉快地游戏，也不愿被国君所束缚。终生不再做官，让自己的心志愉快。

朱敦儒洗尽凡心，相忘尘世，把功名欲念抛弃得干干净净。他想明白了，“人生虚假，昨日梅花今日谢。不醉何为，从古英雄总是痴”。他真的化作梦蝶的庄周，穿越虚实，超越生死。人有了闲就是神仙，也就不必做天上的神仙。他变成了地上的神仙，主宰自己生命和心灵的神仙道人，独与天地精神往来，和日月结伴，和光同尘，超越了世间的是非。他吟诵“引我上烟霞，智力一时无用。无用，无用，蹋破十洲三洞”。“智力一时无用”这句话，不正是《庄子·胜箧》里“绝圣弃智”的意思吗？至于“且披襟脱帽，自适其适”，这个“自适其适”也显然是出自《庄子·大宗师》和《庄子·骈拇》。

道家重生命，多活几年就是福。因为人生短暂，朝不保夕，所以朱敦儒决心要“身退心闲，剩向人间活几年”。他十分珍惜当下休闲的宝贵：“片时欢笑且相亲，明日阴晴未定。”他也舍不得轻辞与好朋友的宴乐之趣：“从容言笑醉还醒，争忍便轻别？只愿主人留客，更重斟金叶。”朱敦儒还喜欢戏水和钓鱼。垂钓自古是表现人格唯美的方式之一。据《庄子·秋水》记载，庄子在濮水垂钓时拒绝了楚王的延聘。而汉代的严光拒绝为官，选择在桐江垂钓，更是闻名千古的高风亮节。在朱敦儒眼里钓翁最潇洒：“眼里数闲人，只有钓翁潇洒。”他更沉醉于垂钓时周边的风景，“却钓松江烟月、醉还醒”。

偶尔也念起时事，念起南宋的半壁山河，伤感不已。“刘郎已老，不管桃花依旧笑。要听琵琶，重院莺啼觅谢家。曲终人醉，多似浔阳江上泪。万里东风，国破山河落照红。”

传世的《樵歌》就这样诞生了。以 246 首词位居南渡词人创作榜首位。《樵歌》几乎就是一部朱敦儒的个人传记。它自画出了一个艺术的生命形象。而晚年那些词作，语言浅白如话，情绪闲澹，格调散放。后人读起来，一声声，动心动情。

在人生的末路，朱敦儒回到了当初的起点。他的形象再度与当年那位洛城少年重合在一起。只是，这时他已走过了太远的路，经过了太多的事。当年他曾是一杯明净山泉水，后来被世事烹煮，沸腾不安，辗转翻腾，甚至因为侍奉秦桧被泼进污秽，受尽诋毁。晚年生活还被后世当作“颓废空心人”的反面典型。而对朱敦儒来说，在凄清的余生，放下一切，重新将自己融入生命的大湖，在最后一刻，他与云间鸿雁草中鸣虫，一起安眠。

陆游：风雨故园

一

降生在船上，船是摇篮，帆是襁褓。宋徽宗宣和七年（公元 1125 年）的秋天，在一个风狂雨骤的日子，陆游出生于淮河的一条官船里。风声，雨声，和着淮河的浪涛声，仿佛预示着陆游的一生注定要风雨漂泊。

就在陆游出生前后，刚刚与北宋合力攻灭辽国的女真族金国，从东西两路合击北宋，很快拿下东京。女真军队占领燕山府，包围太原，宋徽宗仓皇南逃。陆游一家返回祖籍浙江山阴，即今天的绍兴。陆家是山阴望族，藏书之富独称江浙。虽然由于胡骑南侵，陆家避难东阳三年，但陆游天资聪明，勤于读书，加上家学渊源，十二三岁就能诗善文。面对破碎的河山，加上父亲的教诲、师友的影响，陆游于诗书之外，读兵书、学剑法，立志匡扶国危，驱除外敌，能文能武，建功立业。

小伙子人也长得帅，很受小姑娘喜爱。当时陆游有个表妹，名叫唐婉，聪慧灵秀，不善言语却善解人意，与年纪相仿的陆游青梅竹马，情意相投，两人相伴度过一段纯洁无瑕的年少时光。一种萦绕心肠的情愫在两人心中渐渐滋生了。

于是陆家就以一只精美无比的家传凤钗做信物，订下了唐家这门亲上加亲的姻事。亲上加亲当然是好事儿，那时候也没有《婚姻法》的约束，这事儿就成了。陆游成年后，一夜洞房花烛，唐婉便成了陆家的媳妇。从此，陆游、唐婉更是鱼水欢谐、情爱弥深，沉醉于两个人的天地中，把功名利禄抛置于九霄云外。新婚燕尔的陆游流连于温柔乡里，根本无暇顾及应试功课和进仕为官。

陆游的母亲唐氏是一位正统、威严而强势的女性，她一心盼望儿子金榜题名、登科进官，这是中国儒家社会价值体系对一个男人最起码的要求，应该也是一个母亲合理的愿望。目睹儿子眼下的状况，她大为不满，几次以姑姑的身份，更以婆婆的立场对唐婉反复规劝，责令她以丈夫的科举前途为重，淡薄儿女之情。但陆、唐二人情意缠绵，无以复顾，情况始终未见改观。陆母对儿媳大为反感，认为唐婉将把儿子的前程耽误殆尽。女子无才便是德，唐婉太有才华，有才华的人就更具独立思想和自我意识，唐婉不愿把自己定位于应该遵循三从四德的传统妻子，她并不在意夫君的仕途得失，对相夫教子毫无概念。于是，婆媳矛盾继续升级。如果唐婉与陆游很快有了一个孩子，可能会多一点缓冲地带，但不幸的是，唐婉婚后一直不能生育。

于是陆母来到郊外无量庵，请庵中尼姑为儿子、媳妇卜算命运。尼姑一番掐算后警告说："唐婉与陆游八字不合，先是误导陆游人生，终必性命难保。"陆母闻言，吓得魂飞魄散，强令陆游将唐婉休弃。陆游心中悲如刀绞，素来孝顺的他，面对态度坚决的母亲，除了暗自饮泣别无他法。

在“存天理，灭人欲”的南宋，一国之中皇帝最大，一家之中父母最大，谁也不能违抗。陆游是耿直的汉子，但也是温柔的孝子，他虽然苦苦哀求，但母命难违，无法挽回，只能选择“与妇诀”。一封休书写好，陆游先找了个变通的办法，在外面租了间屋，让唐婉搬进去住，继续他们卿卿我我的二人世界。可是这件事很快就被母亲发觉了，她再次棒打鸳鸯，一对恋人被彻底拆散了。

陆游痛不欲生，母亲则好言安慰：儿子，你安心读书吧。总有一天，你会懂得，儿女情长只是欢娱一时，而博取功名才是一世的硬道理。爱情不能代替一个男人在这个凶险的现实世界上的生存发展。振兴门庭，荫庇子孙，是你被赋予的义不容辞的责任，而这个一味追求个性解放的女子不能带给你这一切。我们要重新为你安排一位贤淑女子，助你功名，佐你家业，育你子嗣。

“人必须生活着，爱才有所附丽。”700 多年以后，同是绍兴人的鲁迅在《伤逝》中点明了这个道理。

这场战争没有赢家。陆游与唐婉留下的是一生的痛苦，而陆母则与娘家断绝关系，老死不相往来。陆游很快再娶湖湘澧州刺史、蜀郡蜀州人王饍之女。唐婉也用改嫁证明自己作为一个才貌双全、人格独立的女人在南宋的中国是绝代珍稀的，她重新选择了一个家境、人品都不错的老公——皇族士子赵士程。

二

陆游从此好好读书了。书与剑，在士子的心头、在南宋故国的春雨中使他愁肠百结。桃花在会稽山下边飘，梨花在东湖边落，陆游英气逼人的剑影在花丛中飞舞。

宋高宗绍兴二十三年（公元 1153 年），28 岁的陆游来到临安应省试，他当时已经才名满天下。陆游的文章清新脱俗，字也写得鹤立鸡群，但他的运气确实不太好，偏偏丞相秦桧的孙子秦埙也来应试。陆游的主考官陈阜卿，身为两浙转运使考官，毅然顶住秦桧的压力，将陆游擢为省试第一。陈阜卿虽然为此丢官甚至几次险遭斩首，却毫不后悔。陆游从此成为秦桧的眼中钉。第二年殿试，秦桧动用手中的权力将才学出众的陆游黜落。

礼部会试失利，陆游回到老家山阴，家乡风景依旧，人面已新。为了排遣愁绪，陆游每天只能悠游晃荡。在一个繁花竞妍的春日晌午，陆游随意漫步到禹迹寺的沈园，在园中与前妻唐婉不期而遇。身后传来一阵熟悉的笑声，陆游浑身一震，回头望去，但见一位美妇与一位俊俏公子牵手而行，那丽人正是陆游的昔日恋人唐婉。那一刹那，时光与目光凝固了，恍惚迷茫。

过了好一会儿，有个丫环捧了酒菜过来，赠与陆游，原来唐婉征得丈夫的同意，把他们夫妻游春的食物送了些来给陆游。陆游端起送来的绍兴黄酒，热泪一下子流了下来，想起当初唐婉纤纤玉手为他把盏黄縢酒的情景，心中阵阵隐痛。几年来他虽然借苦读和诗酒强抑着对唐婉的思念，但这一刻，埋在内心深处的旧日情思不由得喷涌而出。于是他捧着唐婉送来的那杯酒，在沈园的墙壁上留下了这样一首流传千古的《钗头凤》：

红酥手，黄縢酒。满城春色宫墙柳。东风恶，欢情薄。一怀愁绪，几年离索。错，错，错。

春如旧，人空瘦。泪痕红浥鲛绡透。桃花落，闲池阁。山盟虽在，锦书难托。莫，莫，莫。

过了一段日子，唐婉又游沈园，见到陆游题写的词，不禁心如刀割，泪如雨下。她也挥笔题写了一首应和之作，即另一首《钗头凤》。回家后，唐婉日夜郁郁寡欢，终因心病难解，忧思而亡。当她终于在陆游的《钗头凤》前写下自己的绝命之作时，她仿佛回到了她童年做了无数次的那个“过家家”的梦里，她的心里再也放不下别人，哪怕像赵士程这样的好人，她的心里只有表哥，于是她带着爱情离开，回到了她表哥的梦里。

对于陆游和唐婉来说，这场相遇是不幸的，但对于这个名叫沈园的庭院来说，却是一种莫大的幸运。因为一个宋代的园林，能够一代代保存至今、闻名遐迩，大概全中国也只有绍兴的沈园了。这种幸运是因为它曾经是那颗搅动了一湖春水的小石子，而这一切的见证，如今只有题在沈园墙壁上的两首《钗头凤》词作。

陆游虽然胸怀大志，但始终没有大官运。在“主和派”当权的宋高宗时代，连岳飞、张浚等“主战派”名将、重臣都受到排斥，他一个无名小卒就更没有用武之地了。这时他已经 33 岁了，秦桧死了三年之后，陆游才被朝廷派到福建做了一个小官，任宁德县主簿，相当于现在的文书，靠笔杆子吃饭。当年宁德县地广人稀，社会风气与工作环境无比的好，就如陆游在诗文中描绘的“民淳簿领闲”。陆游在那儿基本上处于无所事事的状态，唯一需要干的就是喝酒和写诗。当地盛产海鲜和荔枝，这些纯天然健康食品让陆游大饱口福。

在福建工作一两年后，由于上司的热诚推荐，陆游被调到南宋首都临安，担任敕令所删定官的职务，工作内容主要是编纂公布的法令，地位并不重要，位置也不高，可是到了临安，他能够更多地接近中央，结识朝廷的名流要人。日后官至左丞相的周必大当时就曾与陆游比邻而居，二人常来常往。

三

机会不期而至，陆游终于时来运转。刚刚即位的宋孝宗赵昚问周必大：当今的诗人中，谁能比得上唐代的李白？周必大说：唯有陆游。于是“小李白”之称不胫而走。陆游后来经历坎坷忧愤时事，中年以后诗风更近杜甫。宋孝宗赏识陆游之才学，恩赐他进士出身。未经科举考试而由皇帝御赐进士，这在当时是罕见的荣耀。这样，陆游很快担任了主管军事的枢密院编修官之职。

皇帝的赏识，文官的推崇，本来足以令陆游仕途畅通。但是陆游毕竟是文人，不懂官场规则。陆游太年轻，太意气用事，考虑问题太过简单。是战，还是和，这是一个无解的难题。“主和派”不是没有道理，龙大渊、曾觌、张说、史浩等“主和派”宠臣都是南宋核心的政治人物，这些重臣也并非就不热爱南宋家国。但他们相信，万万不可再战了，国家连年战事，两军交战多时，国力空虚，百姓疲敝。南宋精疲力竭了。文弱的南宋王朝，凝聚着当时世界上最先进的文明、最高级的教化、最优雅的文官制度、最深邃的哲学，可面对粗野蛮夷的武力征服和铁血践踏，秀才遇到兵，一筹莫展，唯有悲情，唯有认命。

陆游性格刚直，不善圆通，他的主战意见得罪了那些主和派朝廷要臣。宋孝宗一怒之下把陆游逐出京师，下放为镇江府通判。

在镇江统率江淮东西路军马的大臣张浚，是陆游父亲的朋友，对陆游非常器重。两人都主张收复中原，意气相投。但是由于准备不周，张浚发动的北伐战争仅进行了十天就以失败告终，导致符离兵败。张浚被解职不久后病亡。居然有人向皇帝告状，说张浚发动北伐是受了陆游的唆使，陆游仕途因此再受影响。

乾道二年（公元1166年），陆游被调任江西隆兴府通判，隆兴就是今天的南昌，地理位置临靠大江大湖，气候潮湿，陆游到任没多久就得了风湿病。加上主和派当道，心情不畅，不到一年终于还是受张浚北伐失败的牵连，被主和派政敌们弹劾，返回老家山阴。

仕途一再受挫，生活贫穷困苦，身体衰弱多病，令陆游精神苦闷，但是鉴湖的山光水色、绮丽风景和乡间的纯朴民风、自然生活，给了陆游极大的安慰。从此，陆游的诗稿中出现了一个吹笛长啸、泛舟镜湖的湖中隐者形象。陆游坚守“穷且益坚，不坠青云之志”的君子之道，放下架子与农民交朋友，还学着在地里种菜。他欣然接受老农的要求，一边吃着热腾腾的芋栗，一边为老农详细讲解《孝经》。热爱生活的陆游将村中的点点滴滴尽入诗中，各个时节的民俗庆典当然也不能例外，每到春社、秋社等民间大型仪式，各家各户摊钱、杀牲、买酒祭神，还有各种民间演出。陆游以亲历者的身份详细记录了当时场面的热闹，也记录了诗人与村民共娱同乐、融洽相处的点点滴滴。稽山巍巍，浙水汤汤，陆游效仿着先辈陶渊明逍遥田园的心境，用《游山西村》聊以自慰："莫笑农家腊酒浑，丰年留客足鸡豚。山重水复疑无路，柳暗花明又一村。箫鼓追随春社近，衣冠简朴古风存。从今若许闲乘月，拄杖无时夜叩门。""山重水复"，"柳暗花明"，这一联脍炙人口、千年传诵的名句，出语自然天成，富于哲理，耐人咀嚼。

虽然一口一句"身闲心太平"，但是他对于破碎的山河始终无法释怀，在诗中一再描绘的清静无为、闲适安居的人生情状，充其量只是一种自我安慰，诗中一再彰显、标榜的"心太平"境界，他根本做不到。陆游永远有着强烈的功名愿望和恢复中原的历史使命感，进取之心难以泯灭，他一有机会便向朝廷上书，要求"敢誓靡捐以待驱策"。

四

乾道六年（公元1170年）的初夏，久病之躯稍稍康复，陆游就带着家眷离开故乡，踏上了入蜀之路。既有一官万里的悲哀，也有可以再次为国建功立业的欣慰。在临安乘船沿南运河而行，从镇江附近的瓜洲进入长江，经金陵、池州、黄州、鄂州、江陵，穿三峡走秭归、巴东，足足历时五个月，才于深秋抵达夔州。这一路上，陆游记录自己的行程以及路上的见闻，凭吊名胜古迹，感慨良多，后来将这些感悟文字命名为《入蜀记》。

就在夔州通判三年任期将满之时，负责川陕一带军事事务的将领王炎听到陆游的名声，把他请到陕西汉中一带去给他做秘书。陕西是抗金前线，陆游觉得自己到了那里，应该会有许多机会参加抗金战斗，为国家效力，这比蜷缩在地方上吃闲饭更符合他的人生志向，因此欣然前去。当时四川宣抚使设在陕西汉中的南郑，主管西北军民事务，是抗金的前线指挥所。陆游终于能够再度直接参与抗金和收复失地的斗争，他十分兴奋，激动不已。在南郑，陆游作为战时指挥机关的一位干员，经常要到前线传达指令、了解情况。以南郑为中心，方圆 150 公里之内，除了正东方向的金国占领区外，他都常来常往，每一处都留下了他与同事的足迹，也留下了不少诗篇。

陆游奔走在前线，曾经骑马到大散关一带观察金人占领的地区。大散关是关中通往西南的唯一要塞，战略地位非常重要。南宋与金国之间经常在此发生战斗。47 岁的陆游骑在马上，眺望着夕阳下的沦陷区，想象昔日此地发生过的激烈战斗，感慨万千，写下气吞山河的《书愤》："早岁哪知世事艰，中原北望气如山。楼船夜雪瓜洲渡，铁马秋风大散关。塞上长城空自许，镜中衰鬓已先斑。出师一表真名世，千载谁堪伯仲间。"

金戈铁马的记忆，壮志凌云的心灵，他的诗句里充满了杀敌的烽烟和搏杀的豪情，对未来更是充满美好的憧憬。有了这股力量，连老虎也敢打。一次陆游与同事们到沮水滨打猎，正在下马休息之时，突然一阵风起，传来一声虎啸。一干人脸色都变了。正在退无可退之际，陆游挺起长矛，大喊一声，向老虎冲去，用枪直刺老虎。后来，晚年陆游曾多次回忆这次搏虎壮举。少年学剑，壮年刺虎，英雄快事，终生难忘。

在南郑，陆游积极协助王炎，建议兵出骆谷，收复长安。然而南宋皇帝根本没有收复沦陷地的决心。经受了几次打击的宋孝宗逐渐心灰意冷，对北伐失去了热情，况且川陕一带的南宋将领大多骄横腐败，王炎拿他们也没有办法。乾道八年（公元 1172 年）深秋，宋孝宗一道命令，将正在积极进行收复沦陷区作战准备的司令官王炎调离四川，这对前线抗金力量来说无异于釜底抽薪。陆游的梦想又破灭了，只好离开南郑，到成都安抚使衙门担任有名无实的参议官，从此他在四川一待就是五年。

宋孝宗淳熙二年（公元1175年），诗人范成大抵达成都，出任四川制置使，陆游被提拔，官阶提高了一级，但仍是有衔无事的冷官。陆游原本寄望于范成大，希望他能够帮助自己实现恢复中原的目标，但是范成大则主张从容坐镇，不求有功，但求无过，保一方平安足矣。虽然意见相左，但范成大对陆游还是以礼相待，倒是手下人看不过去了，说那个姓陆的家伙幕僚不像幕僚，写出来的诗歌也不合大家口味。风言风语传到陆游耳朵里，他就索性以狂放自居，自号“陆放翁”，一点也不顾忌他人看法，生活上更是放荡不羁。他更频繁地涉足歌楼酒肆，过着酗酒、赋诗、赏花、听曲的逍遥日子，甚至去玩斗鸡、射雉一类的赌博游戏。这是陆游一生中最灰暗也最软弱的一段日子。范成大几次郑重其事地规劝他，他反而振振有词地说自己喝酒只是为暂时麻醉自己，酒醒之后，常为国家所蒙受的灾难而整夜流泪。当范成大奉诏回朝时，陆游与他饮酒话别，一再嘱咐他要向圣上禀告先取关中、次取河北的抗金战略，坚定抗金主张，并表示自己愿为国捐躯。范成大是否把他的嘱托转达当朝，我们不知道。不过，即便是转达给了皇帝，又有什么用呢?

闲居成都的陆游百无聊赖，只有将满腔愤懑倾倒在诗行中，一首《关山月》以乐府旧题写时事，“笛里谁知壮士心，沙头空照征人骨”，“遗民忍死望恢复，几处今宵垂泪痕”。陆游在诗文中痛斥了南宋朝廷文恬武嬉、不恤国难的态度，表现了爱国将士报国无门的苦闷以及中原百姓渴望复国的愿望。

整首诗构思非常精巧，以月夜统摄全篇，构成一幅关山月夜的全景图。那是陆游心中最为壮美的故国之月、故乡之月。

淳熙四年（公元 1177 年）夏秋之交，陆游接到令其回朝的通知即将离开四川。入川五年，一朝离去，陆游恋恋不舍。拖延迟疑半载之后，第二年二月，陆游携家眷离开成都，经眉州、宜宾、泸州，乘江船顺流而下。多年以后，他在出蜀东归后还不断地怀念汉中与蜀地的风土人情以及他在那里的生活经历，思念那里的一草一木，思念那里的贤士与志士，这些题材时时见于歌咏。

五

陆游回朝面见圣上，被任命为建州、抚州茶盐公事。他的职务主要是管理茶盐专卖等事，相当于一个茶官。陆游大失所望，在得不到重用的极度落寞心境下，陆游把精力主要放在了对任职地域内的名茶名苑的关注上，陆游当了十年茶官，有机会品尝天下名茶，成了一位造诣很深的茶客。他一生嗜茶，精于茶艺，好赋茶诗，写有茶事诗词 300 多首。在陆游写作咏茶诗的两宋时期，饮茶习俗遍及朝野，而尤以文人士大夫为盛，斗茶、品茗、论器、试水等习气，与当时硕学鸿儒谈性论道之风相表里，成为一代士大夫精神风貌的写照。

陆游到任的第二年，抚州地区发生水灾，江水暴涨，冲毁良田。陆游见此情景，立刻开仓赈济灾民，不料却因此事遭到弹劾，朝廷以擅自开仓的罪名再次罢免了陆游。

淳熙七年（公元 1180 年）底，陆游罢官回家。在家赋闲六年之后，淳熙十三年（公元 1186 年）春，62 岁的陆游再度出山，被任命为正五品的朝奉大夫，权知严州军州事。已至花甲之年的诗人仍心系沦陷山河，遥想镇江和南郑的两次从军生涯，力主收复中原。

严州是当时临安西南的一个大州。140年前，陆游的高祖陆轸曾在这里做过知州。这使陆游有一种亲切感。山城的生活是安宁的，但他向往的却是南郑的军旅生活。这时的南宋是一个无可救药的垂死政权，“国破山河在”，陆游的报国主张没有得到任何回音，宋孝宗虽然赏识陆游的才华，但始终只把他当作一个诗人，让他在严州“职事之暇，可以赋咏自适”。三年任期一满，陆游即请辞还乡，再度隐居山阴。

淳熙十六年（公元1189年），宋孝宗倦于政事，传位给宋光宗。陆游再次上书，重申他积极备战、收复中原的主张。朝廷命陆游去临安编写史书，能再度返朝，陆游当然乐不可支，他不顾年老体衰，整点行装上路了。那简单的行李中，就有他写给朝廷的求战书，包括自己思考多年总结出来的北伐主张和在川蜀对敌斗争的经验等，还有他对重振朝纲的希望。朝廷对诗名远播的陆游表面上客客气气，背地里却根本不把这个老头放在眼里，朝堂议事时也把他排斥在外。陆游心灰意冷，在修编史书告一段落后就回家了。从此，这位白发苍苍的老人再也无心去临安了，尽管那里有“山外青山楼外楼”。

从这次罢官至逝世，在这长达20年的时间里，南宋换了三位皇帝，陆游几乎完全隐居于绍兴农村。生命的晚年，陆游以一首《临安春雨初霁》寄情于景，感慨世态炎凉和政治舞台上的倾轧变幻，在客居寂寞与无聊的生活中写下了千古传颂的名作，“小楼一夜听春雨，深巷明朝卖杏花”是这首诗中的名句。这些年世态人情淡薄得似纱，可谁让我骑马客居京城享受这份繁华？只身躲于小楼中，听春雨淅淅沥沥下了一夜。深幽小巷中，明早还会传来卖杏花的声音吧。

陆游在外为官多年，虽然都是些不大的官，按说也该有点儿积蓄。可情况正好相反，他为官清廉，平时花钱不计较，被罢官后竟然连回家的盘缠都是向同僚借的。在他晚年的诗作中多有以“贫居”“长饥”为题的。据《绍兴志》载，陆游家有良田近二十亩、屋舍十多间，他诗中所说的“贫”“饥”大约不是像当地贫苦农民那样真的饥寒交迫，所以他还能照样读书写诗。与权贵比，陆游在绍兴过的是既“贫困”又压抑的日子，但他的骨头是硬的，甚至在诗中直言自己宁肯饿死也不去奴颜婢膝地巴结统治者，可见他对这个风雨飘摇中的南宋小朝廷是深深失望了。

陆游的还乡闲居充满和谐，也充满纠结。他这一生的闲居心态复杂多变，因此田园诗风亦随之嬗变。宦海人生、贬谪旅途、郊游行吟、山居访友、渔樵耕读等日常生活留下的生活烙印，在此基础上传达着陆游山水诗所表现的亦喜亦忧的心路历程。他数次罢归，时而强作欢颜，诗风在旷达中蕴含着感伤；时而内心极其痛苦，诗中总有抑郁不平之气；时而心态略有放松，诗风也变得轻快自在。宋孝宗淳熙十六年（公元1189年）起，陆游谪居的十二年间，起初心态消极，诗风萧散疏淡，第二年心态开始平和，描写个人生活情趣的作品均清新纯明，刻画乡村风土人情皆情真语朴，诗风益发和平粹美、恬淡清旷。宋宁宗嘉泰三年（公元1203年）后，暮年陆游对故乡更为眷恋，诗风愈趋平淡古朴，渴望收复中原的心态也益发迫切，诗风又显得劲健昂扬。

六

陆游一生赋诗9300多首，成为中国文人赋诗的数量之最。在他绵密浩瀚、宽广无垠的诗行中，有时呈现出的是一个理性、深思、好学、好交游的形象，但更多的时候，展示出的则是一个充满悲伤、无奈、怨恨，十分情绪化的形象。

他身处江湖之远，常思庙堂之忧。“读书三万卷，仕宦皆束阁。学剑四十年，虏血未染锷”，这是他终生的遗憾；“和亲自古非长策，谁与朝家共此忧”，这是他对朝廷的肺腑之言；“三万里河东入海，五千仞岳上摩天。遗民泪尽胡尘里，南望王师又一年”，这是他对沦陷区同胞的牵挂；“当年万里觅封侯，匹马戍梁州。关河梦断何处，尘暗旧貂裘。胡未灭，鬓先秋，泪空流。此生谁料，心在天山，身老沧洲”，这是他壮志未酬的抱憾和顾影自怜的苍凉。

即使到了古稀之年，陆游仍希望能够杀上战场：“僵卧孤村不自哀，尚思为国戍轮台。夜阑卧听风吹雨，铁马冰河入梦来。”

耄耋之年，等着入土了，也一日没忘记抗敌前线，报国信念至死不衰，愈老弥坚。

隐逸故园，还是以养生为重吧。这个执着狂热的大宋复国主义“愤青”，一生报国情志不减，战斗激情不消，却郁郁不得志，愤愤难平。若再不好好养生，必将忧愤过度、身心难平，甚至性命堪忧。然而奇怪的是，他成为中国古代文人中罕见的长寿者。

罢官回老家山阴闲居，陆游天天离不开垂钓，钓鱼之乐，其乐无穷，所以在他一生保存下来的海量诗词中，专吟渔夫之情或借渔寓志的约有 300 首。他懂得饮食之精髓，提倡多吃粥。陆游一生视粥为养生之妙品，常常提及食粥对延年益寿的好处。他的“药枕”养生法别具一格，枕中藏有百草百花、珍贵药材。他在晚年隐居山阴期间，终日与花草为伴，最喜爱菊花，经常用干菊花泡茶饮，或用菊花熬制成菊花粥。他一生钟情于梅花，写了 160 多首咏梅诗词，词境大都托物言志，《卜算子・咏梅》是其中脍炙人口的一首：“驿外断桥边，寂寞开无主。已是黄昏独自愁，更著风和雨。无意苦争春，一任群芳妒。零落成泥碾作尘，只有香如故。”他不仅是文坛上的赋诗高手，而且懂医术，是医苑里的养生专家、乡间的高尚名医，经常免费给乡邻治病施药。多少年来，他在养生保健方面形成自己独特而深刻的认识，他把自己的养生思想归纳为：清心节欲重养气，存神止虑重养神，劳动锻炼重养形，未雨绸缪重预防。

有趣的悖论是，他口口声声倡导“清心节欲重养气，存神止虑重养神”，但他自己却一点不清心节欲，一点不存神止虑。他日复一日、年复一年、无休无止地为南宋的复国而呼吁、奔走、游说、抒情，乐此不疲。早年抱负“上马击狂胡，下马草军书”，壮年志向“逆胡未灭心未平，孤剑床头铿有声”，晚年意气“一闻战鼓意气生，犹能为国平燕赵”，他甚至想到将来自己死也要死在战场上，“白发萧萧卧泽中，只凭天地鉴孤忠”。这个为国家山河的存亡忧虑操劳了一辈子的文人，长寿至 85 岁。

老态龙钟、一把年纪的他又去了一趟沈园。唐婉已经离世 40 年了，却仿佛隔了无数世代。往事又从心底翻出来，陆游老泪纵横，手颤抖得没法写字了，还是强撑着，颤颤巍巍地写下《沈园二首》，其中有“伤心桥下春波绿，曾是惊鸿照影来”的句子。

陆游临死之前，把儿孙们叫到床前。他不是召集大家来分配家当和任何物质遗产的，而是留下了一首名叫《示儿》的诗歌。对于所有的中国人来说，这诗歌是如此熟悉：“死去元知万事空，但悲不见九州同。王师北定中原日，家祭无忘告乃翁。”当朝廷的军队收复祖国领土的那一天，你们这些孩子在祭祀祖先的时候，千万不要忘记将此事告知我的在天之灵。

70年后的南宋祥兴二年（公元1279年），广东的崖山海战中，蒙元军队以少胜多，宋军全军覆灭，南宋彻底灭亡。铁血蒙元替代儒雅南宋，中世纪的中国用文明的倒退和成王败寇的结果，说明历史没有方向的必然性，黑格尔的“绝对精神”宣告无效。日本一些史学家认为这场战役的结果，标志着古典意义中华文明的衰败与陨落，因此有“崖山之后无中国”之说。一定程度上说，此言有理，崖山之后无汉族，宋亡之后少华夏，大意就是说汉族的古典文化自宋明之后不复存在。但是，那以后的人类社会，民族主义的浓郁情结在世界主义、国际化、全球化的沧海横流中被悄然稀释、悄然淡化。

崖山兵败，南宋亡国。陆游的孙子陆元廷闻讯后忧愤而死，陆游的曾孙陆传义绝食而亡，陆游的玄孙陆天骐在崖山战斗中宁死不降元，投海自尽。

陆游的在天之灵，最终没有看到“王师北定中原日，家祭无忘告乃翁”的那一幕。

辛弃疾：醉里挑灯看剑

一

宋高宗绍兴三十年（公元1160年），金国第四代皇帝完颜亮大举南侵，强征汉丁。年轻的辛弃疾不仅自己纠集两千多人参加耿京的义军，还说服一个名叫义端的和尚率领千余人成为自己的战友。义端归顺后，见辛弃疾受重用而自己依然是个小头目，心中自然不平，于是窃走大印潜逃。耿京很生气，严厉斥责辛弃疾，因为辛弃疾是这个和尚进入义军的介绍人，同时辛弃疾还兼任大印的保管员，于公于私，于情于理，他都罪不可恕。辛弃疾也很愤怒，于是请求亲自了断这件事。他快马加鞭，日夜兼程，狂追猛赶，终于俘获了义端和尚。义端和尚苦苦哀求，要辛弃疾不看僧面看佛面，饶过他这一遭，还给辛大侠猛戴高帽子，辛弃疾冷笑一声，手起刀落，将义端和尚人头斩落。

“辛弃疾力能杀人”，当时义端和尚用自己的脑袋证明了这一事实。后来，无数的脑袋不仅证明辛弃疾力能杀人，而且他很擅长用这样一种最简单、最直接、最原始的方式来解决问题。

绍兴三十二年（公元1162年）三月，23岁的辛弃疾率领50余人，突入5万人的金营，活捉了叛徒张安国，将其押回建康处决，还策反了万余名士兵归宋。这事轰动天下，使他名重一时。南宋开国皇帝赵构立即任命辛弃疾为江阴签判。

这个来自孔孟之乡的男人就是南渡到了莺莺燕燕的江南，也没有自命风流，弄一身中国腐朽文人的坏毛病出来。他把自己首先定位成一个英雄、一个军人，然后才是一个文人。他把收复北方失地当成了毕生的事业，一生追逐英雄梦，写词只是带兵打仗之余闹着玩儿而已。

辛弃疾上任伊始，就雄心勃勃上奏，要求收复中原。可是，宋高宗赵构只想苟安江南，随后即位的宋孝宗遭受“符离之败”后，在“主和派”大臣的强烈反对下，也失去了收复失地的锐气，对北伐不再用心。但孝宗也认可辛弃疾的才干，先后把他派到江西、湖北、湖南等地担任转运使、安抚使之类职务，负责镇压造反、治理荒政、整顿治安等。

这些职位不算太小，俸禄也丰厚，如换一个安享太平、无所用心的文人，大可悠游奢华、诗酒歌舞地过一辈子，可对辛弃疾来说，却与毕生“收复山河，上阵杀敌”的理想相去甚远。因此，他极为失望、郁闷，抑郁不得志。

这时辛弃疾南归已八九年了，在建康通判任上无所事事，不得遂报国之愿。偶尔登临周览之际，写了一首《登建康赏心亭》，一吐郁结心头的悲愤之情。“落日楼头，断鸿声里，江南游子。把吴钩看了，栏杆拍遍，无人会，登临意。”《青玉案·元夕》中，他写尽都城临安元宵之夜的奢华热闹，最后的高潮却在“蓦然回首，那人却在，灯火阑珊处”，自怜幽独，伤心人别有怀抱，以委婉的方式表达人生的失意、寂寥。在江西任职期间，辛弃疾游览郁孤台，联想到金兵入侵江西，逃难百姓的泪水流进浩浩赣江，不禁抚时感事，情不能已，挥笔在江西造口的墙壁上写下一首《菩萨蛮》："郁孤台下清江水，中间多少行人泪。西北望长安，可怜无数山。青山遮不住，毕竟东流去。"

800多年过去了，我们总是人云亦云，说辛弃疾因没得到朝廷的重用而悲愤不已。事实上不是这样。南宋巴掌大一块残缺不全的地方，人才济济，想谋个一官半职可不是易事。但是，辛弃疾这条突然闯来的北方虎，甫一出现就得到一个相当不错的职位，可见皇上的重视程度了。何况辛弃疾没有科名，只是一个"武林高手"和"文坛明星"呢！客观地说，是朝廷对他的重视和他自己的追求相左罢了，他太爱"杀敌"，文弱的南宋朝廷没有满足他的"杀敌欲"，重理学轻武战的宋王朝遏制了一个尚武之人的"杀机"。

宋孝宗淳熙二年（公元1175年），湖北农民赖文政组织茶商和茶农发动起义，屡败宋朝官军。36岁的辛弃疾临危受命。辛弃疾的军事才能充分施展出来，他步步为营，围追堵截，终于将赖军逼入困境。他派人前去劝降，赖文政见突围无望，接受了招安。辛弃疾并没有上奏朝廷，也没有按朝廷的惯例给予接受招安的赖文政免死或封赏的待遇，而是将赖文政押解到江州处死。其余的义军800多人据说也在一天之内被全部处决，辛弃疾一声令下："杀无赦。"

淳熙七年（公元1180年），辛弃疾知潭州兼湖南安抚使。从他在此任上创建"飞虎军"一事，可见辛弃疾的个性与为官之道之一斑。

湖南、广东、广西三地交界处，各民族杂居，民风顽悍，械斗、暴动隔三岔五来一次，破坏性很大。各地政府武装各保其土，坐观风云，没有谁敢真正对这些势力动真格的。交界处实际上形成了真空圈。辛弃疾上奏朝廷，要求建一支统一训练、统一指挥，有特别战斗力的“飞虎军”统辖此地。朝廷同意了他的建议。

辛弃疾组建了一支由两千步兵、五百骑兵组成的兵强马壮的“飞虎军”。营房还没建好，就引起了枢密院一些人的恐慌，多次阻挠这支“特种部队”的组建。辛弃疾不予理睬，越是阻力大、困难多，他就越是快马加鞭。朝中有人告到皇帝那儿，说辛弃疾借建军横征暴敛，民愤极大。孝宗皇帝赵昚慌了，急令停建。辛弃疾非但不停建，反而加速进行。时令已是深秋，土冻霜降，难以造瓦，指挥部急火攻心。

辛弃疾问：“需多少瓦？”

施工经理说：“20 万块。”

辛弃疾哈哈大笑：“这有何难？明天就到。”

听者愕然。

辛弃疾召开建营紧急扩大会议，命令辖区范围内的衙署、祠堂、民居，每处屋顶上都揭两块瓦下来，不得有误。两日内，用瓦齐备。军营落成后，辛弃疾写了一份报告给皇上，还附了布局图，皇上才长长松了一口气。

辛弃疾将打仗统兵的方式用于行政管理，专断而冷酷。史书说“飞虎军”雄镇一方，不愧是一支威武之师。皇上给辛弃疾记大功一次。

辛弃疾的从政思路、民本思想和岳飞相去甚远。在茶商起义和创建“飞虎军”两件事中，他的心狠手辣暴露无遗。

辛弃疾的铁腕使朝野上下怒形于色，江湖百姓怨声载道。首先弹劾辛弃疾“用钱如泥沙，杀人如草芥”的是谏官王蔺，具体时间一般认为是在淳熙八年（公元 1181 年），当时 42 岁的辛弃疾刚刚调任浙西路提点刑狱公事。王蔺指控他在湖南任上“奸贪凶暴，虐害田里”，“用钱如泥沙，杀人如草芥”，连著名道学家陆九渊也写信指责他是一个刚愎自用、性格残暴的“酷吏”。对于这次弹劾，孝宗皇帝亲自认定了事实，给予辛弃疾罢官处分。

对于这次弹劾，辛弃疾自己并没有过多辩解，也许因为他百口莫辩。史书上说，辛弃疾“肤硕体胖，红颊青眼，目光有稜，壮健如虎”，即说他身体魁梧，强壮如虎，眼露青光，这模样一般人看着确实有点发怵。尤其是其眼神之悍厉，连朋友碰见了都不敢跟他对视，心里有些打鼓。

喜欢用铁腕手段来处理问题的辛弃疾依然会得到人们的喜爱。他是一个词人，是一个豪杰，而不是一个圣人，他有自己处理问题的方式，尽管那种方式可能会让我们很意外，尽管那种方式让人文主义者侧目，让理法精神的倡导者鄙夷。

二

罢官后的辛弃疾隐居于他新建的阔绰庄园。庄园叫“稼轩”，典型的名不副实。“轩”本是带回廊的小房子，做书房或茶舍之用，但是辛弃疾的“稼轩”却阔大极了、堂皇极了。42 岁以后的 20 多年间，他基本上是在上饶带湖和铅山瓢泉过着闲居的生活，其间有 6 年时间被起用又被罢官，瓢泉是这位词人南渡后的最后归宿。

辛弃疾远走庙堂，不免有羡陶归田之意，所以，初离藩篱、徜徉山水、怡情庄园，一定有沉醉之感。春天到了，辛弃疾的庄园里开遍了各色山花，缤纷馥郁。有几个亲朋佳客来访，倚着朱红的栏杆赏花饮酒，慷慨陈词，大谈抱负，甚至提到辛弃疾少年往事。辛弃疾的眼睛里闪过一丝痛苦、落寞，还有些自豪。他已四十好几，两鬓斑白，眼角布满了皱纹，但他的眼睛仍旧年轻，他的血依旧热烈。辛弃疾毕竟是只老虎，捕食嗜杀是老虎的天性，庄园养生，无异于把他装在一只精美的大笼子里，如不能奔腾咆哮，简直就是让生命锈蚀。他多么渴望能够再啸震林泉啊。南渡20年，故园不堪回首，那些日子一去不复返。

他闭了一下眼睛，满面俱是落拓之色。乘着酒兴，取下墙上的宝剑，挑灯细看，提醒自己曾有过一段那么快意的跃马江湖岁月，哈哈大笑道："也就在梦中驰骋、快意一时罢了。"窗前的书案上，孤灯摇曳，灯火飘忽，映出了宝剑的冷光。他走向书案，提笔蘸墨，写下一首《破阵子》寄给好友陈亮："醉里挑灯看剑，梦回吹角连营……了却君王天下事，赢得生前身后名。可怜白发生。"

一个雪后初晴的冬日，赋闲已近十年的辛弃疾扶病凭栏远眺，夕照辉映白雪皑皑的山川林木。突然，他眼睛一亮：转过山脚的大红马驮着的不是好友陈亮吗？他大喜过望，病痛消散，下楼策马相迎。村前石桥上，老友久别重逢，感慨万端，纵谈国事，痛心疾首。豪情到处，辛弃疾斩马盟誓，决心为收拾残缺金瓯而不惜肝脑涂地。别陈亮后，辛弃疾赋诗道："男儿到死心如铁，看试手，补天裂。"这呐喊声，至今保存完好的"斩马亭"应清晰记得。

但呐喊也仅限于呐喊了。享乐半壁江山的南宋朝廷根本没有收复失地的打算，对辛弃疾的泣血呐喊也只当作耳旁风吹过。辛弃疾也就只能在追忆和不平中老去。他的不朽诗词忠实记录了这种悲愤的情感：“少年不识愁滋味，爱上层楼。爱上层楼，为赋新词强说愁。而今识尽愁滋味，欲说还休。欲说还休，却道天凉好个秋。”他的新愁旧梦里奔涌着壮志难酬的哀怨与人生的豪迈：“唱彻《阳关》泪未干，功名余事且加餐。浮天水送无穷树，带雨云埋一半山。今古恨，几千般，只应离合是悲欢？江头未是风波恶，别有人间行路难。”

活得再憋屈，也得给心找出路。“茅檐低小，溪上青青草。醉里吴音相媚好，白发谁家翁媪”，“稻花香里说丰年，听取蛙声一片”。辛弃疾做个地主，收收租子，然后就狂饮暴食，然后就游山逛水，然后就倒头大睡。这日子也真够让人眼红。

光宗绍熙三年（公元1192年），53岁的辛弃疾被重新起用为提点福建刑狱。据说辛弃疾到福建上任的第一天，就把牢房的囚犯全部杀掉了。当时福建治安状况不好，经常有海盗出没，辛稼轩认为福州就是强盗的老巢，这里盛产刁民，怀柔安抚无济于事，因此他决定施行铁腕政策，快刀斩乱麻。这种铁血政策见效真的很快，福建的强盗不被杀死，也被吓死了，总之当地很快一片升平景象。痛快倒是痛快，可朝中马上又有人反复弹劾他“杀人如麻”。他因此二度丢官，在家继续赋闲11年。

这一次，他生平所有的名衔全部被朝廷削夺得干干净净，在瓢泉过起了游山逛水、饮酒赋诗、闲云野鹤的村居生活。瓢泉田园的恬静和村民的质朴使辛弃疾深为所动，他灵感翻飞而歌之，写下了大量描写瓢泉四时风光、世情民俗和园林风物、遣兴抒怀的诗词。醉着醒着，佳作天成；游山饮酒，别出境界。《贺新郎》里，他物我交融，古今两忘，令人羡煞："我见青山多妩媚，料青山见我应如是。情与貌，略相似。"

辛弃疾离职多年，以为北伐大志灰飞烟灭，因救国无望而广收门徒，解惑授业，编纂词集，流连于山水之间，沉迷于诗词文海。想不到64岁时他突然被主战派韩胄荐举起用，随军北伐。开禧元年（公元1205年），辛弃疾任镇江知府。他登上镇江名楼京口北固亭，眺望长江以北，伤今怀古，感慨万千，作了一首千古传诵的《永遇乐·京口北固亭怀古》："千古江山，英雄无觅，孙仲谋处。舞榭歌台，风流总被雨打风吹去……想当年，金戈铁马，气吞万里如虎……四十三年，望中犹记，烽火扬州路。可堪回首，佛狸祠下，一片神鸦社鼓。凭谁问，廉颇老矣，尚能饭否？"这首词意境深宏博大，格调沉郁顿挫，用典与抒情交相辉映、相得益彰，被认为是"辛词第一"。据《桯史》记载，辛弃疾写完这首词后，特地大开筵席，一边令歌伎演唱，一边打拍子伴奏，还请在场的每一位文人提点批评意见。但大家知道辛弃疾是大词家，恨不能溜须拍马，因此只吹嘘他写得好，谁也不愿自讨没趣。

这是个集豪气、才气、杀气为一身的男人，他写的词和所有的文人词都不一样。"稼轩词"仿佛不是用笔墨写成，而是以刀剑刻成的：金戈铁马的凛冽、沙场杀敌的磅礴、英雄失意的孤愤、乡间野老的旷达、壮士拂剑的沉勇，莫不觉壮声英概、荡气回肠，忠愤之气拂拂指端。这世上无论多强的牛人最终都要化成土灰，辛弃疾的英雄气概和凌云壮志，还有他为之效力的南宋江山，连同他自负偏执的人格，还有他杀人如麻的凶悍，都在幽深的历史暗道里随风散尽。留给今人的，却只是那些情思跌宕、心绪忐忑的词赋，历八百年而不衰，因为他写的词实在英气逼人。

韩胄仓促北伐，出师不利，江淮一战就败下阵来，金兵乘势向江南挺进，南宋朝廷又回到“求和”的老路上去了。辛弃疾自悔再度出山遭人愚弄，陷入更复杂的内心痛苦中，神色黯然地离开了朝堂，怀着满腔忧愤回到上饶瓢泉。三度遭遇失败，他内心忧愤无以复加。

从高宗、孝宗、光宗又到了宁宗，辛弃疾算是四朝元老了。宋庆元元年（公元 1195 年），新皇帝宁宗想利用金国内乱的机会北伐一次，打个胜仗，振振国威，于是想起了上饶乡间还有一个抗金的虎贲之将可以起用，于是对他屡屡加封。可是老病的辛弃疾已经身不能上马、手不能挥刀，垂垂老矣。当朝廷再加封辛弃疾“枢密都承旨”时，辛弃疾已不能起身接旨，最后，他在床上连呼数声“杀贼”而亡。

蒋捷：归来不再是少年

一

知道蒋捷的人不多，但知道“红了樱桃，绿了芭蕉”的人很多。

南宋时，蒋捷祖辈世代为官，与皇室沾亲带故，幼时在父亲的教诲下发愤苦读，很早便在诗词方面显露才华。他曾因“铜棺山”与“铜官山”一字之别据理力争，写下《铜官山》诗一首，为宜兴第一高山正名而轰动太湖文坛。宋度宗咸淳十年（公元 1274 年），蒋捷中进士，成为南宋的最后一科进士，但还没来得及任职，蒙古铁蹄就踏入临安，南宋灭亡。

太湖流域的常州府、苏州府沦陷，元军首领伯颜常州屠城，一时间血流成河，尸积如山。城池被元军占领，乡村无处落脚，百姓只能躲进扁舟中。为了求生，他们大多随波逐流，在水面上漫无目的地漂弋。

青山依旧，国事全非，昔日流金溢翠的故都临安如今已是“人散树啼鸦，粉团黏不住，归繁华”。蒋捷只能辗转异乡，生活落魄，饱经风霜忧患，失去了依附的故国，也失去了

“深阁帘垂绣”的幸福家庭，变得一无所有，流浪飘零于姑苏一带太湖之滨，离乱颠簸的流亡途中，他写下一曲心歌：“一片春愁待酒浇，江上舟摇，楼上帘招，秋娘渡与泰娘桥，风又飘飘，雨又萧萧。流光容易把人抛，红了樱桃，绿了芭蕉。”蒋捷书写山河破碎、无处容身的悲哀，却无苦大仇深、壮怀激烈之气，像是流浪在人生独立坐标上的闲吟闲咏。已经被命运打入了十八层地狱，还从容闲散地吟咏“红了樱桃，绿了芭蕉”，相当酷啊！

自幼所学的《易经》此时派上了用场，蒋捷以相士为业，替人算命。他不仅混迹渔樵，隐姓埋名，更时时浪迹于最底层的江湖。宋代是一个占卜流行、从业人数众多的时代。作为一名相士，蒋捷的宿命论深深印刻在他的词中，面对南宋的灭亡，他在悲痛中比其他文人多了几分宿命的淡定。“少年听雨歌楼上”，“壮年听雨客舟中”，“而今听雨僧庐下，鬓已星星也。悲欢离合总无情，一任阶前点滴到天明”。对人生的悲欢离合是相士式的旁观和沉静，是一种对人生不可逃脱宿命的认定。一切终将归于世界之暗，这一点，他清楚得很：“叹浮云，本是无心，也成苍狗”。

南宋是理学发展的高峰，蒋捷作为南宋末科进士，受到朱熹、陆九渊的影响。理学家的观物论思想，要求人保持自身的真实性情，观物而不为物所累，观情而不为情所累，心一而能应万物，从而达到“本真”状态。蒋捷以理学家的观物方法，在活泼清新的意象中透露着自然生机，传达着哲理和感悟。“花外楼，柳下舟。梦也梦也，梦不到，寒水空流。漠漠黄云，湿透木棉裘。都道无人愁似我，今夜雪，有梅花，似我愁。”他苦中作乐得可以，而且还不是装出来的苦中作乐。

他不愿意再颠沛流离了，于是，顾不得天寒地冻，以舟代步，风雨兼程，好不容易重返故里，却又难以维持生计，只好浪迹于无锡雪浪，无功而返。蒋捷最后选择了宜兴竹山作为落脚之地，这里寺僧和善，可容其寄居寺庙，立足安身。附近村民淳朴，山下聚居的云阳亭侯蒋姓族群，乃同祖同宗之人。族人在寺旁建云阳山房供他做教书课徒之所，生活总算有了着落。后来他又在芳桥阳山结识了同为宋室遗民的周祖儒，并为他家撰写家谱。

二

元朝统治渐渐稳固后，为笼络人心，开始选用南宋士子，只要选择合作，便可出仕为官。而事实上，南宋遗民中出仕为官的大有人在。随着元朝统治逐渐巩固，复国理想成为虚幻，一些宋代文人开始北游大都，希望得到新朝的青睐。元成宗大德九年（公元 1305 年）五月，朋友举荐蒋捷，他却放弃了出仕富贵的机会，选择了他那高尚的孤独。元代出仕为官的遗民们，很多人都有迫不得已的难处，可生活上困顿寒苦的蒋捷，依旧选择了遁隐。

那种嗜肉好斗的草原文化，对南宋知识分子来说，真是一场血与火的浩劫啊！种族歧视和等级制度又将原来的南宋人贬为“南人”，位列最下等。在这样一种强烈的失序感和文化边缘化命运之下，汉人知识分子发出了抑郁不平和痛心疾首的呼喊。但是，蒋捷却沉默着——沉默是金。

600 多年以后，同样是敌寇辱国的危难时刻，民国才子胡兰成背负着“汉奸”的千秋骂名撰写了《战难，和亦不易》的投降文章，并接受“汪伪”要职。不必争论胡兰成有没有风骨气节，任何一个人，倘若在如雾的醉眼和如花的禅意中看透了世界“弱肉强食”的真相与幻象，也看懂了“抵抗和坚守”实质上是另一种真相与幻象，他就会明白，对人世的恶业，人没有能力惩治，对人世的苦难，人没有能力救治。但是，胡兰成的错误在于，在选择放弃“抵抗”之后，跳上了另一个政治的前台。因为大多数的前台都是不干净的，不管你是为了保自己的生命，还是为了开众人的太平。就像他如此风流缠绵地周旋于几个女人之间并没有错，但他的错误在于不该对包括张爱玲在内的任何一个女人作出承诺。

从南宋亡国的那天起，蒋捷就没打算再跳上“前台”，黯淡的后台一定比明亮的前台更安全也更安宁，享受孤独是需要能力的，拥有这种能力的人很少很少，他蒋捷算是一个吧。他既断绝了与朝廷的关系，也断绝了与其他文人的交往，甚至与宋末著名词人周密、王沂孙、张炎等人都断了联络。他从不记录自己的生平事迹，别人也少有记载，他彻底成了一个“隐士”。为生计劳作虽苦，但不必再提心吊胆地过日子，“自古达官酣富贵，往往遭人描画。只有青门，种瓜闲客，千载传佳话”。

半世的红尘已经可以全抛，转向的到底是那清静悠然的村景。“半世踏红尘，到底输他村景。村景，村景。樵斧耕蓑渔艇。”那幅村景，是多少中国知识分子一生的追索啊。那幅幸福村景图中，元朝浓密的树荫下，一个贵族诗人在幽暗处浅唱，声音极低，低得只有他自己听得见。

“二十年来，无家种竹，犹借竹为名。”蒋捷以“竹山”为号，虽孤苦窘困，但一直以“竹”为名，以表达独立和不俗。

他自主地选择了孤独，流浪江湖的羁旅更强化了这种孤独，这种孤独转向心灵，只指向过去，在对过去的寻觅中消解和融化孤独，拒绝与现世政权合作。这就注定了他孤寂飘零、遁隐山林的人生以及《竹山词》中对故人、故园、故国的另一种纠结。

元朝贵族没有放弃对文人的迫害，连南宋乡士也遭羁押。汉人乡士频频遇害，使蒋捷心有余悸。他举家迁徙至武进晋陵。为确保万无一失，他安排三个儿子居住在不同村落，并在长子所居的宅前买田种竹，了却了“二十年来，无家种竹”的遗憾。但不久，他又因得罪了多名高官而起风波，为了不连累家人，为了子孙后代的安宁，倔强而又可怜的老人带着满腹的酸楚第三次出走，又回到了宜兴竹山。

人是被抛到这个世界上来的，生而为人，终难免苦，世界要以其巨大的神秘力量置你于无知无能的地位，这就是时间的力量，这也是生而为人的悲哀。

图书在版编目（CIP）数据

诗词年代 ：唐宋诗词名家纪事 / 谢青桐著. -- 北京 ：北京日报出版社，2017.11
ISBN 978-7-5477-2727-0

Ⅰ. ①诗… Ⅱ. ①谢… Ⅲ. ①诗人－生平事迹－中国－唐代②词人－生平事迹－中国－宋代 Ⅳ. ①K825.6

中国版本图书馆CIP数据核字(2017)第189055号

诗词年代：唐宋诗词名家纪事

出版发行：北京日报出版社
地　　址：北京市东城区东单三条8-16号 东方广场东配楼四层
邮　　编：100005
电　　话：发行部：（010）65255876
　　　　　总编室：（010）65252135
印　　刷：廊坊市博林印务有限公司
经　　销：各地新华书店
版　　次：2017 年 11 月第 1 版
　　　　　2017 年 11 月第 1 次印刷
开　　本：880 毫米×1230 毫米　1/32
印　　张：7.5
字　　数：168 千字
定　　价：39.80 元